サプライチェーンリスクマネジメント入門

サプライチェーン
リスクマネジメント入門

レジリエンシーを高める18の方法

［編集］
Robert B. Handfield ロバート・B・ハンドフィールド
Kevin McCormack ケビン・マコーマック

［翻訳］
東京海上日動リスクコンサルティング㈱
ビジネスリスク事業部

日科技連

SUPPLY CHAIN RISK MANAGEMENT : Minimizing Disruptions in Global Sourcing
All Rights Reserved. Authorized translation from English language edition published by CRC Press, part of Taylor & Francis Group LLC through Japan Foreign-Rights Centre.

本書のために知識を提供してくれた人々に
そして、この3年以上もの間、支えてくれた私の家族
サンディ、シミアン、リュック、ロドニー、リサ、ロイド、メアリーに

ロバート・B・ハンドフィールド

どのようなものであれ、それを長期間持続するには
リスクマネジメントが何より大事であると教えてくれた
私の生きがい、励みである妻スーザンに

素晴らしい母親であり教師である娘のジェニファーに
そして、自らの夢を追い求める勇気をもつ息子のティムに

彼らを愛し、そして誇りに思います

ケビン・マコーマック

まえがき

　今日ほどサプライチェーンにかかわるリスクを管理することが難しくなったことは過去にありません。生産を海外の拠点へ外部委託する企業が増えてきたために、サプライチェーンは長くなり、ノード[*1]の数も増え、ネットワークの複雑さが幾何級数的に増しています。サプライチェーンのマネージャーは、以前は主にコストの削減、購買価格変動の抑制、在庫管理を問題にしていましたが、現在においては、事業を推進するうえで供給を継続することが最大の課題になっています。株主価値の維持が企業にとって極めて重要であると今日では認識されていますが、製品やサービスをタイムリーに供給することによって顧客のニーズを満たしている、エリクソン社[*2](Ericsson、スウェーデン、通信機器)、ハーシー社[*3](Hershey、米、菓子)、アップル社[*3](Apple、米、情報家電)、ウォルマート社[*4](Wal-Mart、米、小売)などの多くの大手企業が被った、主要なサプライチェーンの混乱・途絶による影響を見てください。調査によると、これらの混乱・途絶は株価を一夜にして最大20パーセントも下げ、この影響が5年間以上続いた例もありました。

　こういった問題意識から、筆者らと4年間ともに研究した、リスクマネジメント分野の一流の学者や実務家による一連の優れた論文を本書にまとめました。選ばれた論文では、リスクマネジメントへの組織的な関与についての深い考察、サプライチェーンの混乱・途絶による影響、リスクに対するコンティンジェンシープラン(非常事態対応計画)の立案のためのマネジメントモデル、サプライチェーンにかかわるリスクを管理するための考え方を導き出したり、これまでの考え方を見直したりするための分析モデルが扱われています。

　サプライチェーンのリスクマネジメントの問題を調査するために、筆者らのチームに5年前にアプローチしてきた2つの企業によって、研究は大きく進むことになりました。その企業はゼネラル・モーターズ社(General Motors、米、自動車)とボストン・サイエンティフィック社(Boston Scientific、米、医療機

器)です。両社ともリスクマネジメントの難しさを認識しており、サプライチェーンにかかわるリスクの測定とマネジメントをどのように行うか、といった課題についての新しい考え方を切り拓こうとしていました。学者と実務家からなる筆者らのチームによる支援とともに、両社の助力、導き、忍耐がこの分野での進歩を大いに促してくれました。また、筆者らの研究を勇気づけ、さらに高いレベルの思考をもつ研究へと駆り立てようとした、スカンジナビア航空のデニー・ノーマン氏とティム・フェアチャイルド氏からも助力を得ました。

第1章では、筆者がクリス・クレーグヘッドとジェニファー・ブラックハーストとともに行った研究についての一般的な概要を述べています。ゼネラル・モーターズ社に支援されたこの研究により、サプライチェーンリスクの動的性質に関する考え方の明確化と具体化ができました。

第2章は、第1章を継ぐもので、リスクの高いノードを分離し、特定する方法の基本的な考え方と、この方法を進めるためのマネジメントプロセスについて述べています。

デブラ・エルキンス、ジェフ・テュー、デバダッタ・クルカーニによって執筆された第3章は、第2章の方法を実務家が使いやすいようにするために具体化したものです。

第4章は、チェックリストとして活用されることを主に意図して執筆されたもので、供給マネジメントに携わる人々のリスクへの認識を高めるために、フランク・クイン氏編集の *Supply Chain Management Review* 誌に発表したものです。

第5章は、リスク分析評価ツールの開発のために行った初期の研究の成果であり、使用方法についての概観を示したものです。このリスク分析評価ツールはこれまで広範囲にわたって改良されてきており、今やフォーチュン500社中の数社に成功をもたらしています。このツールはインターネット上のWebサービスになっており、これらの会社がサプライチェーン上のリスクの高いノードを特定するうえで効果的に機能しています。

最後の第6章は、この分野における頭脳明晰な人々とともに研究した経験をとおして得られた成果です。記述されている事例研究は、サプライチェーンにかかわるリスクをどのように考え、管理するかについての非常に良い例になっ

ていると確信しています。

　本書がサプライチェーンリスクについて考え、学ぶための良い出発点になり、組織としてリスクをどのように考えるべきか、といった点をあなたの上司である担当役員と議論するための良い入門書になることを確信しています。

　筆者らは、サプライチェーンのリスクマネジメントに関する読者諸氏の意見と考えを歓迎します。また、本書の後に多数の書が続くことを信じて疑いません。

ロバート・B・ハンドフィールド
ケビン・マコーマック

まえがき訳注

* 1　ノードとは、節、交点、結節点を意味し、サプライチェーンにおいては、メーカーやサプライヤーの工場、倉庫、物流拠点などを指す。
* 2　CIO Magazine 2008年12月号の下記記事「サプライチェーンの優劣が企業の市場シェアを左右する」(要約)を参照。
　　http://www.ciojp.com/contents/?id=00005656;t=62
　　2000年のある日、米国ニューメキシコ州にあるフィリップス・セミコンダクターの工場で落雷による火災が発生し、ノキアとエリクソンの携帯電話に搭載される予定だったRFチップの製造がストップしたことがあった。このとき、ノキアのサプライチェーン管理システムは、フィリップスから部品の納入が遅れ始めたことを、火災発生から3日以内に検知し、携帯電話の生産工場のマネージャーや本社のマネージャーにその旨を自動的に通知した。そのおかげで、ノキアは、通知を受け取ってから2週間以内に携帯電話の設計を変更し、他社製RFチップを採用した製品の生産にこぎ着けた。また、フィリップスに対しては、RFチップの製造を別の工場に移管するよう求めた。
　　一方、エリクソンは、火災発生から4週間が経過したころ、ようやくフィリップスからの部品納入が遅れている事態に対処し始めた。エリクソンの対応が遅れた原因として、同社のサプライチェーン管理システムが、緊急事態が発生

した際にITマネージャーなどに対して異変を自動的に通知するよう設定されていなかったことが挙げられる。こうして、代替サプライヤーを迅速に確保したノキアは、ほぼスケジュールどおりに製品を出荷できたが、対応が後手に回ったエリクソンは製品の出荷が遅れて市場シェアを失い、結局それを取り戻すことができなかった。

＊3 Supply Chain Digest 2006年1月号の下記記事「最も大きい11のサプライチェーンの惨事」(抄訳)を参照。
http://www.scdigest.com/assets/reps/SCDigest_Top-11-SupplyChainDisasters.pdf

● 第7位　ハーシーのハロウィンの悪夢 (1999)
1998年から99年にかけて、ハーシー・フーズ社は、IT基盤とサプライチェーンの変更のために、新しい注文管理、サプライチェーン計画、顧客関係管理システムに1億ドル以上を投資した。

1999年4月に立ち上げる予定が遅れ、翌年に延びそうだったので、同社は1998年の夏に方針を変更した。システムに大きな問題があったからである。製品在庫が発送用倉庫にあるのに、トラックにキャンディーを積んで顧客へ発送することを可能にするためのデータ変更処理ができない事象が多発したのだ。

最終的に、同社は少なくとも1億5000万ドルの注文を失ったと発表し、四半期利益は、第3四半期に19パーセント落ち、第4四半期にさらに落ち込んだ。この大失敗はすべてのビジネス情報誌の見出しを飾った。その後2年もの間、同社のサプライチェーンとロジスティクス担当役員は、ウォール・ストリートのアナリストたちに発送の不具合が完全になくなった旨を請合うために、定期的に振り回されることになった。

● 第11位　アップルがパワーマックへの需要を逃す (1995)
アップル社は、1995年のクリスマスシーズンの直前に新発売すべくパワーマックPCの新しい生産ラインを導入した。この2年前に、パワーブック・ラップトップの新発売から生じた過剰な在庫と生産能力によって、同社は火傷を負っていたため、今度は非常に保守的な計画を立てた。

パワーマックへの需要が爆発したときに、同社は重要なクリスマスシーズンに不意をつかれる形になってしまった。需要予測があまりに低く、サプライチェーンに十分な柔軟性がないうえに、部品サプライヤーの一部が納入問題を起したのである。一時は10億ドル相当の注文を満たすことなく抱えることになった。

手中にしかかった市場機会を活用できなかったために株価はすぐに半減し、CEOは退任のドアを示され、株主代表訴訟が次々に起こった。後に同社の回復がiPod発売の年から始まったことに示されるように、1990年代半ばまでしばし

ばパソコン市場でトップシェアを占めた同社の地位は、サプライチェーンの欠点のために永久的な影響を受けたのだった。
* 4　2000年に起こったロサンゼルス港の港湾労働者による10日間のストライキのために、中国からの入荷が遅れ、ウォルマート社の店頭で多数の品切れが生じた。

訳者まえがき

 本書は，2008年に出版された，サプライチェーンマネジメント分野の専門家として著名なロバート・B・ハンドフィールド博士とケビン・マコーマック博士が編集した，両博士を含む7人の著者による *Supply Chain Risk Management: Minimizing Disruptions in Global Sourcing* の日本語版です。

 欧米では，サプライチェーンのリスクマネジメントに関する書籍や論文が2002年頃から多数出版・発表されています。サプライチェーンリスクマネジメント(Supply Chain Risk Management：SCRM)という一つの調査・研究分野を形成しており，概念の体系化，リスク評価手法，リスク低減のための戦略や手段についての研究論文や，実際の企業に適用したケーススタディなどのレポートが多数発表されています。これらの論文やレポートでキーワードになっているのは，レジリエンシー(Resiliency)またはレジリエンス(Resilience)の概念です。サプライチェーンのレジリエンシーとは，予期しないサプライチェーンの混乱や途絶，またはサプライチェーンのネットワークの内外から生じるさまざまな変動の影響から元の状態に復元させる能力のことであり，SCRMはレジリエンシーを高めるためのアプローチの一つといえます。

 一方，わが国でも近年リスクマネジメントに関する書籍が数多く出版されるようになりましたが，サプライチェーンのリスクを扱った書籍はほとんど出版されていませんでした。そこで，SCRMの入門書として適当な本を探していたところ，本書に出会ったのです。

 私どものグループでは，企業・組織のリスクマネジメントコンサルティングの一つとして，2004年頃から自動車，電機・電子，医薬品，食品・日用品，機械，石油・化学などのさまざまな製造業，運輸・倉庫業の企業および企業グループの事業継続計画(Business Continuity Plan：BCP)の策定と事業継続マネジメント(Business Continuity Management：BCM)の構築の支援を行って

訳者まえがき

きました。現在は多くの企業で、大地震をはじめとする災害や新型インフルエンザなど、経営に大きな影響を及ぼすリスクを対象として危機発生時にも製品の供給、サービスの提供を早期に再開させるための事前の対策、対応計画の策定、BCPの実行力を高めるための訓練などが行われています。ほとんどは製造工場や本社、営業所など主に自社内の業務プロセスを対象に各種の分析と計画の策定が行われていますが、先進的な取組みを行っている企業では、傘下のグループ会社や外部委託先の企業、サプライチェーンを構成している原材料や部品のサプライヤーと連携・協働し、BCPの策定が行われています。

サプライチェーンの上流から下流には数多くの企業が介在しており、それらの拠点の所在地は地域的な(場合によってグローバルな)拡がりがあります。ネットワークを構成する要素のことをノードといいますが、本書で解説されているとおり、ノードに影響を及ぼしてネットワークを混乱・途絶させてしまうリスク事象にはさまざまな種類があります。したがって、自社内の業務プロセスを対象にした場合に比べて、リスクマネジメントの実践は容易ではなく、また、取組みの効果は認識しづらいものになりがちです。このことが、生産管理部や購買部などのサプライチェーンマネジメント(SCM)の関連部門にとって悩ましい点であるといえます。

SCMを導入している企業では、品質(Q)・コスト(C)・納期(D)・環境(E)・安全性(S)はもちろんのこと、最近はジャストインタイム(JIT)への対応のために、リーン(lean：ムダのない)でアジャイル(agile：顧客ニーズに迅速に対応できる)なサプライチェーンの構築が指向されています。サプライヤー、外部委託先、協力会社とそれらをつなぐサービスや物流、情報のネットワークの一部の混乱・途絶がサプライチェーン全体に波及し、企業は多大な損失を被る可能性があります。このため、欧米企業のSCRMの取組みでは、自然災害や感染症などの企業にとって致命的な影響を及ぼすリスクだけに限定せず、供給サイドや需要サイドの大小の変動要素と、それらの影響を増幅したり吸収したりする自社内のオペレーションを包含した検討が行われています。そこでは、SCMや調達にかかわる直接的なコストの削減だけでなく、製品・サービスのライフサイクルにおけるリスクコストの低減を視野に入れたサプライチェーン

の最適化が検討されています。わが国においてもSCRMを導入し、サプライチェーンのレジリエンシーを高めることで予期しない混乱・途絶に備えるとともに競争優位性を高める取組みが進むことが望まれます。

さて、欧米で出版されている書籍の多くは専門書で相当なボリュームがあるのが一般的ななかで、原書である *Supply Chain Risk Management* はページ数も多くなく(実際に初めて手にしたときの印象は「とても薄い」という印象でした)、表紙もカラフルで、実務者向けで取っつきやすい内容になっています。

本書は全6章で構成されています。第1章では、サプライチェーンに影響を及ぼすさまざまな変動要因について事例を用いて紹介しています。相当なページを割いているため、SCRMのフレームワークについて早く内容を知りたい読者は、第2章から先に読み始めてもよいでしょう。また、第1章には米国の法律や規制に関する記述がありますが、わが国とは多少の違いがあることに留意してください。第5章、第6章はSCRMのなかでも主に供給サイドの側面に重きを置いた内容となっています。ここでは、サプライチェーン評価の一つの方法が紹介されていますが、このような方法があらゆる業種に適用できるわけではありません。他の評価方法やアプローチ方法があることを補足しておきます。

企業・組織のリスクマネジメント部門、生産管理・SCM部門、購買部門の担当者はもとより、サプライチェーンに問題意識をもっている経営層の皆様にも読んでいただきたいと考えています。編者の「まえがき」にもあるように、本書がサプライチェーンのリスクについて考える出発点となるとともに、社内外の部門横断的なコミュニケーションを活発にしたり、サプライチェーン上の企業間の連携・協働の取組みが進むきっかけになることを願ってやみません。

本書の出版にあたりましては、日科技連出版社の鈴木兄宏氏と石田新氏にたいへんお世話になりました。訳者からの提案企画であるにもかかわらず、非常に熱心に対応いただくとともに、翻訳・校正作業の際にさまざまな相談に乗っていただきました。また、著者のハンドフィールド博士から、翻訳時の不明な点への質問に対し、たいへんお忙しいにもかかわらず丁寧な回答を頂戴したこ

訳者まえがき

とを併せて記します。最後に、弊社 BCM 第一グループの田中潤、小林俊介、守屋彰、山田一貴、松澤直子、鈴木朋子、彼谷政雄、尾辻俊一、松下健に協力をいただきました。特に尾辻、山田の両氏には、翻訳・校正作業に相当な時間を割いていただきました。この場を借りて御礼申し上げます。

2010 年 4 月

東京海上日動リスクコンサルティング株式会社
ビジネスリスク事業部 BCM 第一グループ(製造業)
グループリーダー　青地忠浩

サプライチェーンリスクマネジメント入門　目次

まえがき　*vii*
訳者まえがき　*xiii*

第1章　サプライチェーンリスクに関する情報とその使用例　　1

1.1　市場情報とリスク評価の統合 ………………………………………… *1*
1.2　価格予測 ………………………………………………………………… *3*
1.3　競合企業予測 …………………………………………………………… *10*
1.4　生産能力予測 …………………………………………………………… *10*
1.5　供給予測 ………………………………………………………………… *12*
1.6　技術予測 ………………………………………………………………… *16*
1.7　各国の政治経済に関する予測 ………………………………………… *20*
1.8　規制や政策に関する予測 ……………………………………………… *24*
1.9　グローバル調達に影響を及ぼす規制 ………………………………… *27*
1.10　グローバルロジスティクスリスクの評価 …………………………… *29*
1.11　リスク要因の統合 ……………………………………………………… *36*
参考文献 ……………………………………………………………………… *37*

第2章　サプライチェーンの混乱・途絶の影響を低減するためのフレームワーク　　41

2.1　はじめに ………………………………………………………………… *41*
2.2　調査研究の方法 ………………………………………………………… *44*
2.3　サプライチェーンリスクマネジメントのプロセス ………………… *44*
　（1）サプライチェーンの図示化とネットワーク内の
　　　重要ノードのリスク測定　*45*
　（2）高リスクのノードに対するリスク低減メカニズムの

xvii

　　　　　　　　特定　53
　　　　　（3）　高リスクのノードへの対応マネジメント　55
　　参考文献 ·· 67

第3章　サプライチェーンリスクの特定と評価　71

　　3.1　はじめに ·· 71
　　3.2　ステップ1：機能横断チームの編制 ·· 72
　　3.3　ステップ2：リスクポートフォリオの図示化 ································ 72
　　3.4　ステップ3：リスクの抽出、評価、優先順位づけ ························ 74
　　3.5　ステップ4：「対応可能なリスク」とビジネスプロセス
　　　　　　　　への「学習の組込み」 ·· 78
　　3.6　サプライチェーンの専門家のための最重要ポイント ················· 78

第4章　サプライチェーンリスクマネジメント能力向上のベストプラクティス　81

　　4.1　はじめに ·· 81
　　4.2　SCRM能力の強化 ·· 83
　　4.3　SCRMのための18のベストプラクティス ···································· 85
　　4.4　18のベストプラクティスの使い方 ·· 88
　　参考文献 ·· 89

第5章　リスクの測定とマネジメント　91

　　5.1　はじめに ·· 91
　　5.2　基礎と概念 ·· 91
　　　　　（1）　リスクステークホルダーの分類　91
　　　　　（2）　契約企業の階層に関する留意事項　92
　　　　　（3）　発生確率の評価手順　93
　　　　　（4）　リスクマネジメントの手順　95

 5.3　リスクのタイプ ··· *99*
  （1）　財務リスク　*99*
  （2）　オペレーショナルリスク　*100*
  （3）　ブランドと名声へのリスク　*100*
  （4）　法務リスク　*101*
  （5）　環境リスク　*103*
  （6）　技術リスク　*104*
 5.4　使用したリスク評価システム ·· *105*
 5.5　データモデル ·· *107*

第6章　事例研究　　123

 6.1　事例1：某自動車部品メーカー ·· *123*
 6.2　事例2：Medco社 ··· *128*

付録　サプライチェーンリスク用語とサプライチェーン用語の解説 ············· *135*

 索　引 ··· *147*

第1章
サプライチェーンリスクに関する情報とその使用例

ロバート・B・ハンドフィールド

1.1 市場情報とリスク評価の統合

　サプライチェーンを取り巻く今日の規制や複雑環境を考えると、その環境にかかわるリスクを無視した意思決定はできません。現にリスク評価は、どのようなサプライチェーンチームにとっても重要な業務の一つになっています。さらに、リスク評価は、サプライチェーンに見出される異なる種類のデータ同士を結びつけるための方法を決定する手段の一つでもあります。定まった方式によるリスク評価を行い、潜在的な影響を特定して、リスクを緩和するための一連のコンティンジェンシープランを作成するには、**図1.1**に示すような一定のプロセスが必要となります。

　供給市場に存在するさまざまなリスクが、企業の多くの領域に影響を与える可能性があります。したがって、市場からの情報とそのリスク評価は、調達部門だけでなく、企業内のさまざまな機能の組織や事業部門によって使用されます。リスクに関連する、市場やビジネスの情報の主な要素には次の事項があります。

　① 供給に対する顧客の要求(または需要)
　② 価格(国際的な為替レートを含む)
　③ 競合企業(特定することと競争力を格付けること)
　④ 生産能力(技術の進歩を含む生産に必要な要素)

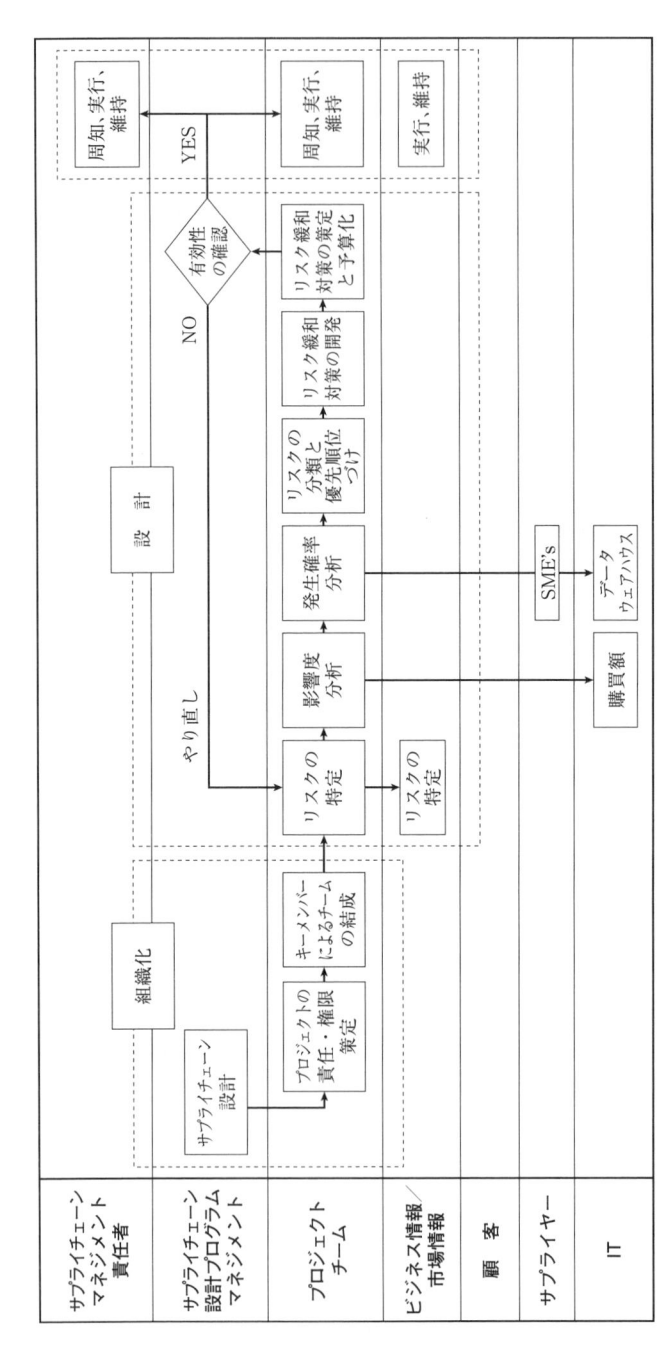

第1章 サプライチェーンリスクに関する情報とその使用例

図1.1 リスクマネジメントのプロセス

注) SME's は Subject Matter Experts（関連分野の専門家）の略

⑤　技術予測
⑥　供給資源
⑦　規制
⑧　ロジスティクスリスク

　本章では、第2章以降における詳細な議論に先立って、さまざまな環境下に存在し得る供給リスクの種々の形態についての概要を述べます。

1.2 価格予測

　価格予測とは、製品を生産し、顧客に提供するのに必要な部材やサービスの短期的価格・長期的価格を予測するものです。今日の供給市場環境においては、価格の変動、急速な上昇・下落の幅が極めて大きくなることがあります。価格は、技術能力、情報共有、業務の合理化などの戦略的要因だけではなく、需要や供給によってもしばしば変化するからです。価格を予測することは、企業が購買戦略を立てるために有益です。企業の購買部門が購買費を抑えるために、価格の上昇が予測される素材については、備蓄(通常より多い量を購買して、将来の使用のために余剰在庫として保管)することがあります。一般的な備蓄戦略には、前倒し購買と買いヘッジ[*1]があり、翌月用の必要量以上を、場合によっては翌年用の必要量以上を購買することがあります。逆に価格が下落している場合には、買い手は当用買い[*2]戦略を用いて、価格が下落している間は、いつもより少ない量を購買します。したがって、購買担当者景況指数は有益なツールになるのです(表1.1)。

　素材価格が上がると、鉄鉱石、紙、銅、石炭を採掘する企業が世界中で増加します[1]。素材価格の上昇が世界経済に波紋を引き起こす1970年代以降に、重機メーカーやエネルギー会社から製鋼所や化学プラントまでのさまざまな企業は、いつでも価格を上げることができると認識するようになりました。また、特にソフトウェア開発とプログラミングにおける契約労働費も上昇しています。価格急騰の背景としては、産業の成長の回復、特に急成長している中国とインドからの旺盛な一次産品への需要が挙げられます。素材ブームから利益を得ている企業にとってはマイナス面もあります。他の企業と同様に、メーカーは多

第 1 章　サプライチェーンリスクに関する情報とその使用例

表 1.1　購買担当者景況指数の定義

> 　PMI（Purchasing Manager's Index：購買担当者景況指数）とは、米国における合計仕入費の変動を調査するための先行指数です。National Association of Purchasing Managers（NAPM：全米購買部協会）によって公表され、各月の仕入費用が記録されます。NAPM は、米国企業の購買部長にその月の合計仕入費用に関する質問をして、その数字を PMI 追跡データベースに入力します。NAPM のアナリストは、回答企業ごとに前月の値と今月の値を比較して数字を集計した後で、全体の仕入費用の状況を増加、減少、横這いといった変化率として明らかにします。データは 1 から 100 までの尺度で評価され、発表されます。基本的に 50 を下回る数字は、合計仕入費用の減少を示し、50 を上回る数字は合計仕入費用の増加を示しています。
> 　合計仕入費用は、経済の総合的な健全性に関する重要な指数なので重要です。したがって、PMI は特に短期的、中期的な予測プロジェクトにとって重要なツールになります。
> 　NAPM は、刊行物と Web 上で結果を公表しており、それは会員登録することで利用が可能です。また、他の有用な指数を公表したり、月刊誌の *Purchasing Today* のような定期刊行物も発行しています。http://www.napm.org にアクセスして詳しく学んでみてください。

くの調達品に対してより高額な費用を支払わなければならないのです。例えば、鉄鉱石、銅、石炭の採掘などに必要な機材を販売しているキャタピラー社（Caterpillar、米、建設機械）は、通常、年に一度の価格調整を行いますが、7 月に平均 3 パーセントの値上げを実施し、さらに今月も 3 パーセントの値上げを発表しました。CEO のジム・オーエンズ氏は、「1 年ぐらい前に始まった素材の価格上昇がこれほどになるとは、キャタピラー社の誰も予想しませんでした」と述べています。このような状況の認識から、一次資料や二次資料から集められるさまざまな定量的、定性的データにもとづいた、価格設定動向や市場の供給能力の動向を予測するための重要な早期指標を見出すプロセスの構築が必要であることに企業は気づきつつあります。このデータ収集に関する最初のプロセスには、以下のステップが含まれます。このステップはベストプラクティスの情報とヒアリングにもとづいて発見されたものです。

　生産者物価指数（PPI）を見て、需要と供給を形づくっている種々の力を考察することは興味深いアプローチです。例えば、以下のプラスチック部品の PPI

を考えてみてください。

【シナリオ】ある購買担当者は、プラスチックシールドに分類される部品の価格設定上の不合理を探しています。異常な価格設定が過去にあれば、より深い分析やサプライヤーとの交渉が必要となる可能性があります。この購買担当者は、1999～2003年までの価格設定データをレビューすることによって、この分析を実施しています。部品番号ごとの部品の購買数量は同程度だったので、価格が変化しているのはボリュームディスカウントの結果ではありません。

1999～2000年の間に、部品4と5において設計変更が行われました。1999年の単価の下の数字はすべての部品に含まれるプラスチック素材の総重量（lb.：ポンド）を、また2000年の単価の下の数字は部品4、5に含まれるプラスチック素材の総重量を表しています（表1.2）。

この購買担当者は、分析に有益な他のデータも集めました。1994～2003年までのプラスチック素材のPPIを追跡し（表1.3上段）、1999～2003年までのPPIデータにもとづく労働賃金指数を作成しました（表1.3下段）。最終的に、その部品を分解調査した技術者との議論にもとづき、コストを各構成要素に分解した予想コスト表を作成しました（表1.3中段）。

そして、PPIの上昇と、（サプライヤーから提出された）プラスチック素材費

表1.2 生産者物価指数（PPI）の例

プラスチックシールド	価格分析				
部品番号	1	2	3	4	5
2003年	$4.95	$5.02	$4.89	$5.99	$6.50
2002年	$2.75	$3.45	$2.75	$3.55	$3.65
2001年	$2.85	$3.75	$3.02	$3.88	$4.02
2000年	$2.99	$3.98	$3.01	$3.87	$3.99
				1.60 lb.	1.63 lb.
1999年	$2.25	$2.47	$2.23	$2.89	$3.09
	1.95 lb.	1.85 lb.	1.90 lb.	1.85 lb.	1.95 lb.

注）lb.(ポンド)は重さの単位

第 1 章　サプライチェーンリスクに関する情報とその使用例

表 1.3　コスト分解

シリーズ識別番号：PCU325211325211			
産業：プラスチック素材と樹脂生産			
製品：プラスチック素材と樹脂生産			
基準日：8012			
年	1 月	12 月	年間
1994	130.8	152.6	137.7
1995	156.9	147.8	159.0
1996	146.1	154.2	149.6
1997	154.1	150.3	153.9
1998	150.4	129.2	139.2
1999	130.1	159.1	142.8
2000	158.3	162.9	164.3
2001	165.6	146.3	159.9
2002	142.7	153.9	148.9
2003	157.8	164.8	167.7
2004	168.6（P）	（P）	（P）
P：仮置き			
ラミネート加工プラスチック素材価格 指数コスト要素別パーセント		年度末	
直接材料費	45％	2003	159.3（P）
直接労務費	15％	2002	159.1
製造間接費	25％	2001	158.1
一般管理費	8％	2000	151.7
利益	7％	1999	150.4
販売価格	100％	基準年 1989＝100	
労働月次統計　時間当たり賃金指数			
2003			162.3
2002			157.8
2001			153.4
2000			147.9
1999			142.5
基準年 1989＝100			
データソース：2004 年 4 月 8 日時点のデータ			

と労務費の上昇に起因する設定価格の上昇とを比較しました。その結果、さらなる分析とサプライヤーとの交渉を必要とする、価格設定上の不合理を見つけました。

表1.4に示すように、2002～2003年にかけてだけでなく、1999～2000年にかけても追加調査を必要とする明らかな価格上昇が見られます。

【事例】効果的な供給計画の例──サンコー・エナジー社

ある企業に効果をもたらした、供給市場情報を活用した価格ヘッジ戦略の好事例の一つは鋼材に関するものです。カナダのアルバータ州の北部でオイルサンドから瀝青(れきせい)の採掘作業をしている、サンコー・エナジー社(Suncor Energy)の重要な成功事例の一つは鋼材に関するものであり、鋼材は(多数のサプライヤーからの入手が可能な)典型的なレバレッジ商品です。採掘場建設のための資材調達戦略を構築する際に、同社は国際的な調査を実施して、最終的に企業文化が合致するウェイワード・スティール社(Wayward Steel)という地元の鋼材サプライヤーを選択しました。ウェイワード・スティール社は長期契約の提案を歓迎し、現場の強い鉄工員労働組合を抑えて、非常事態の際には時間外でも操業することを求めました。この労働組合も主要顧客のニーズを満たさなければならないと納得しました。ウェイワード・スティール社はほかにも多くの顧客を抱えていましたが、事業と利益を拡大させるためにサンコー・エナジー社との関係を優先して、生産直前になっての同社からの需要の増減にも応えました。また、複数の労働組合と契約の再交渉が起こったにもかかわらず、生産性の改善によって鋼材価格を引き上げませんでした。最後の建設計画では、技術変更によって生じるコスト超過は一度も起きませんでした。その秘訣は両社がチームとして働いたことにあります。

互恵関係を築くことができたポイントは、鋼材にかかわる主なコストが鋼材価格そのものにあるのではなく、むしろ1トン当たりの工数によって計算される鋼材組立期間中の総コストにあったということです。ウェイワード・スティール社との関係を築く前のサンコー・エナジー社の主要建設プロジェクトの現場における1トン当たりのコストは50時間でした。ちなみに、この産業における平均は1トン当たり48時間です。ウェイワード・スティール社と新しい

表 1.4　過払い額

プラスチック素材(直接材料)費の上昇率(コストの 45％)						
	1	2	3	4	5	材料の PPI 変化率
1999〜2000	14.80％	27.51％	15.74％	15.26％	13.11％	15.06％
2000〜2001	−2.11％	−2.60％	0.15％	0.12％	0.34％	−2.68％
2001〜2002	−1.58％	−3.60％	−4.02％	−3.83％	−4.14％	−6.88％
2002〜2003	36.00％	20.48％	35.02％	30.93％	35.14％	12.63％
労務費の上昇率(コストの 15％)						
	1	2	3	4	5	労務費の PPI 変化率
1999〜2000	4.93％	9.17％	5.25％	5.09％	4.37％	3.79％
2000〜2001	−0.70％	−0.87％	0.05％	0.04％	0.11％	3.72％
2001〜2002	−0.53％	−1.20％	−1.34％	−1.28％	−1.38％	2.87％
2002〜2003	12.00％	6.83％	11.67％	10.31％	11.71％	2.85％
プラスチック素材(直接材料)の量の変化率						
				4	5	
1999〜2000				−12.70％	−16.41％	
1999 年の価格、PPI の変化、設計変更にもとづく「あるべき」価格						
	1	2	3	4	5	
1999	$2.25	$2.47	$2.23	$2.89	$3.09	
2000	$2.42	$2.65	$2.39	$2.94	$3.09	
2001	$2.40	$2.63	$2.38	$2.92	$3.07	
2002	$2.34	$2.56	$2.31	$2.84	$2.99	
2003	$2.48	$2.72	$2.46	$3.01	$3.17	

関係を築くことによって、サンコー・エナジー社は 1 トン当たり 21 時間を達成しました。サンコー・エナジー社は以前と同じ鋼材価格を支払いましたが、半分のコストでそれを組み立てたのです。これは、建設プロジェクトをとおし

て、組立におけるコストを1トン当たり2,500ドル節減できたことを意味しています。

　サンコー・エナジー社はどのようにしてコスト節減を達成したのでしょうか？　1トン当たりの工数を左右する最も大きな要素の一つは、組立のための鋼材がいつでも利用可能で、必要なときに現場に配送されることですが、配送遅延は製鉄所の生産能力の問題からしばしば起こります。ウェイワード・スティール社などの企業は、生産コストを最も安くするためにいつ鋼材を発注すべきか、といった予測を顧客に知らせることができる供給市場情報の専門家です。ウェイワード・スティール社はこの予測にもとづいてサンコー・エナジー社向けに製鉄所の生産能力を確保し、そのための鋼材用原料を競合企業に先駆けて確保しておくことができます（競合企業は鋼材用原料を入手した後に製鉄所の生産能力を顧客別に配分しなければなりません）。このようなコスト節減の取組みは決して複雑なものではありません。ウェイワード・スティール社から鋼材価格が上昇するかもしれないと知らされると、サンコー・エナジー社はプロジェクトの計画から、（ウェイワード・スティール社からの）発注予定数量をある程度減らし、ウェイワード・スティール社以外の鋼材サプライヤーと予測を検討し、共有しました。そして、サンコー・エナジー社は鋼材サプライヤーへ品質実績と価格にもとづいた発注数量を割り当てることによって、サプライヤーのより良いパフォーマンスを引き出しながらプロジェクトを推進したのです。2000年には、1回の発注で350,000ドルを節減しました。ちょうどこの頃はクロムパイプの設定価格が、リードタイム23週間で1フィート当たり700ドルからリードタイム16週間で1フィート当たり1,600ドルにまで上がったのですが、早期発注のおかげでコスト節減ができたのです。

　サプライヤーと協働することによって、リードタイムと価格についての良否を判別することができるようになり、鋼材調達に関する計画外の出来事の発生を最小化できます。早めのスケジュール策定と比較的変更の少ない発注によって、サプライヤーは早めに生産割当てを行うことができ、これは膨大なコストの節減になります。また、鋼材メーカーを早い時期から巻き込むことによって、建設におけるハプニング（必要鋼材の現場での不足など）の発生を最小化できます。さらに、個々の入札処理回数を減らすことによって時間と費用の節減もで

きます。鋼材などの原材料供給状況と鋼材組立などの建設状況をサプライヤーへ知らせることによって、事実上、生産(鋼材製造)と建設(鋼材組立)がプロセスを推進する主体になりました。ブロックフロー図とプロセスフロー図によってサプライヤーへ早期に警報を出すことができ、ウェイワード・スティール社のような選ばれたサプライチェーンのパートナーが、全体のプロセスの一部として組み込まれたのです。

1.3 競合企業予測

　いかなる予測においても競合企業の行動を考慮しなければならず、他社が製品やサービスに何を求めようとするか、を見出そうとしなければなりません。これは難しい課題かもしれませんが、良い市場情報があれば実行できます。これまで述べた供給市場情報に関する原則の多くが競合企業の予測にも適用されます。すなわち、重要なテーマについて専門家と意見を交わす、業界の会合に参加して関係者と意見を交わす、今後の要求について顧客と意見を交わす、などです。当然のことながら、仮想の予測から真実を分離することは、最も難しい問題の一つです。表1.5で示すシスコ社(Cisco、米、電子機器)の事例を考えてみてください。

1.4 生産能力予測

　生産能力は、重要な経営資源の諸能力の集合を意味しており、多種多様な問題に分解することができます。具体的にいえば、人的資源、倉庫スペース、輸送、機械運転時間、在庫などの問題として分解できます。生産能力を予測する目的は、いろいろな仮定上の需要レベルに対する必要な生産能力を定量化することにあります。企業は事業予算を作成する際に生産能力予測データを使用します。より多くの人的資源が必要かどうか、もし必要であれば、現在の従業員への時間外勤務手当ての支払いに取り組むべきなのか、あるいは新たに従業員を雇うのか、というようなことを評価するためにも生産能力予測は使われます。また、これらの予測は、より多くの設備機械、保管スペースを手配する必要が

表 1.5　シスコ社の事例（要約）

　2000年の夏に、注文控え帳があふれているのにもかかわらず、部品の不足から組立ラインが止まりかけ、シスコ社は部品の供給効率を上げることを決定しました。同社は必要となるコンポーネント（構成部品）を何カ月も前から購入することを約束して、ネットワークスイッチのほとんどを製造している複数の受託製造業者に対して、同社向けコンポーネント用の部品を購入させるために6億ドルを無利子で融資しました。結果的にこの賭けは同社にとって大失敗に終わりました。

　2001年4月16日の月曜日に、売上高の低下と余剰コンポーネントの価値の低下のために、シスコ社は膨らんだ部品在庫の25億ドル分を損金処理すると発表しました。同社はウォール街の寵児で、先例のない成長とそれにともなう株価上昇を遂げていたため、人々はショックを受けました。CEOのジョン・チェンバーズ氏は、同社が突然で予期できない経済の冷え込みの犠牲になったと述べました。2000年の11月まで、同社への注文は年間70パーセント増のスピードで成長していたからです。しかし、売上予測が野心的過ぎるのではないか、と警告する重大な兆しがあったのに、チェンバーズ氏や他の同社役員は、それを無視した、あるいは読み違えた、と非難する人々もいました。同社経営陣は、シスコ社内の注文ネットワークから提供される、誤解を招きやすい情報によって、受注残の量を過大評価し、いくつかの部門の事業量の拡大が失速した後においても、積極的な拡大経営方針を続けました。この結果、2000年11月から2001年3月の間に5,000人以上を採用した後、2001年4月に8,500人以上を解雇する事態になりました。ベンチャービジネスへの投資家になるために11月に同社の役員を辞任したアレックス・メンデス氏は、「シスコ社は、事業拡大の歯止めを探すことに関して常にいくつかの問題を抱えていました」と断言しています。

　他のハイテク企業と同様に、シスコ社は電気通信産業分野の広範な減速とその後の縮小のワンツーパンチに気づくことができませんでした。同社の600人の幹部は2000年5月の戦略会議で60パーセント増の売上高計画を立てましたが、暗雲が立ち込めました。複数の製品に使われるコンポーネント――特に企業のコンピューターネットワークで使われるスイッチ――の供給量が極めて少なかったことから、顧客は製品の到着まで15週間（通常は1～3週間）も待たなければなりませんでした。状況を改善するために、チェンバーズ氏とその側近は同社のサプライチェーンを甦らせる2つの戦略を立案しました。受託製造業者に対するコンポーネント用部品の在庫を積み増しするよう援助することと、重要な受託製造業者から一定量のコンポーネントの購買を約束することです。

　受託製造業者は、これがあまりに積極的な拡大戦略であることを心配しました。例えば、ソレクトロン社（Solectron、米、電子機器の受託製造サービス）は、必要以上に多くの部品を発注することになるのではないか、とシスコ社に警告しました。2000年10月には、電気通信産業における売上高の前の四半期からの成長

表1.5 つづき

が10パーセント未満に過ぎないことが明らかになりました。この時点で、少なくとも同社の受託製造業者2社が、出荷が減少している、つまり、予測に反したものになっていると同社に警告を出し始めました。11月になっても、チェンバーズ氏は今後70パーセント以上の受注が楽に見込まれると述べていました。さらに、最近の低迷は、同社にとってノーテル社(Nortel、カナダ、電子機器)やルーセント・テクノロジーズ社(Lucent Technologies、米、電子機器)などのライバル企業を引き離すチャンスだとも強調していました。しかし、12月に入るとトーンを変えました。12月15日にチェンバーズ氏は経営陣を集めて、「もしシスコ社の四半期の売上が予測を10億ドルまたは15億ドル下回れば、何が起こるのか?」と尋ねています。

事態はさらに悪化しました。電気通信業者への売上高が1月の四半期に40パーセント減少したのです。売上高の低下速度は驚くべきものでしたが、その後、根本原因が究明されました。人気のあるシスコ社製品のために2、3カ月待たなければならない顧客の一部が、まずは同社へ注文し、次は同じ注文を同社の代理店へ出すといったように、二重、三重の発注をしていたのでした。製品が納入されると顧客は重複した注文をキャンセルしました。突然、彼らからの注文は跡形もなく消えたのです。同社の役員であるボルピ氏は、この誤解を招きやすい情報さえなければ、「われわれはよりよく理解して、より良い決定をしていたかもしれません」と述べています。

チェンバーズ氏は、「顧客の期待に応えようとしてよく過ちを犯すものです。企業としてリスクをとることを止めるときは、その株を売るときになるでしょう」と述べました。本当に高くついた賭けだったのです。損金処理をした後でさえ、シスコ社は2000年1月より33パーセント多い16億ドル相当の在庫があることを報告しています。

出典) スコット・サーム記者による2001年4月18日付 *The Wall Street Journal* 紙「同社の問題の裏には、自らつけた傷がある」要約

あるかどうかを評価するためにも重要です。

生産能力予測は、通常は需要予測との関連で行われ、需要予測における需要量を判断基準として使用します。

1.5 供給予測

供給予測においては、サプライチェーンに影響を与え得る全要素のデータを

集めます。このデータには、製品を生産するために必要な部品を供給するサプライヤーに関するデータも含まれており、今日、その範囲はグローバルなものになっています。顧客に競合製品を供給している競合企業データも含まれ、このなかには、競合技術に関するデータと市場シェアの獲得能力もあります。現在もしくは近い将来に原材料を購入して最終製品を国際的に販売しようとする場合には、特に国際競争力についての十分な検討が行われますが、この検討は企業にとって有益な競合戦略につながります。

供給市場能力は、情報を収集するのが困難な要素です。しかし、この領域について理解を深めることは、調達にかかわる安全な意思決定を行うのに有益です。再度強調しますが、この問題に関する専門家のネットワークを築き上げること、特に変化してやまない市場の情報を提供することができるサプライヤーは重要です。電子部品の供給市場環境の例を考えてみてください。

伝統的に、IBM 社(米、コンピューター)やノーテル・ネットワークス社(Nortel Networks、カナダ、電子機器)、シスコ社のような OEM 企業[*3]は、新製品の部品表(Bill of Materials：BOM)を作成するために部品メーカーや新製品開発の担当者と直接やり取りをしています。BOM は、見積りのためにソレクトロン社(Solectron、米、電子機器の受託製造サービス)、ジェイビル社(Jabil、米、電子機器の受託製造サービス)、SCI 社(米、電子機器の受託製造サービス)、フレクトロニクス社(Flectronics、シンガポール、電子機器の受託製造サービス)のような受託製造業者に送られます。そして、受託製造業者はBOM をメモリーやチップのような部品ごとに分割して、テキサス・インスツルメンツ社(米、半導体)、モトローラ社(Motorola、米、通信機器)、インテル社(Intel、米、半導体)、AMD 社(米、半導体)などの部品メーカーへ見積りを依頼します。また、受託製造業者は、アロウ社(Arrow、米、半導体商社)、アヴネット社(Avnet、米、半導体商社)のような特約代理店から見積りを受け取ることもあります。その後、見積りのパッケージは OEM 企業にまとめて送られ、OEM 企業はそれをチェックしてから仕事を発注します。

この例ではソレクトロン社が選ばれた受託製造業者であると仮定してください。ソレクトロン社には製品を管理している 14 人のバイヤーがいて、それぞれのバイヤーは特定の部品群に対して責任を負っています。これらの部品群の

国際的な契約は、同社の国際購買品管理チームによって交渉されているかもしれませんが、バイヤーたちが出荷と在庫水準を管理していることに留意してください。バイヤーは、注文を部品メーカー、または特約代理店に出すことができるのです。

　部品メーカー、特約代理店、コンヴァージ社（Converge、米、半導体商社）のようなサードパーティ（独立系、非特約系、仲介業者と呼ばれることが多い）の関係は複雑です。バイヤーは、まず部品メーカーを訪れ、必要量の一部を購入します。その後、特約代理店を訪ねることもあります。特約代理店は、バッファー（緩衝）として部品を保管するために部品メーカーと密接にかかわっています。特約代理店は、特定の受託製造業者向けの追加の部品在庫として12～18パーセントにあたる量を分担保管して、受託製造業者から手数料の形で在庫の持ち越し料金を得ますが、不景気になったときに在庫を処分しなければならないリスクも負っているのです。ある意味では、特約代理店は部品メーカーの販売力の拡張手段の一つであり、多くの特約代理店は新しいOEM製品向けに設計された部品を採用してもらうために、OEM企業の製品開発部門とともに作業する技術者を雇っています。その代わりに、特約代理店は借入れプログラムによって補償されています。

　例えば、テキサス・インスツルメンツ社が部品を2.00ドルで売る場合には、特約代理店は同じ部品を手数料込みの2.50ドルで売ります。もし特約代理店の設計部品がその製品向けに採用されていれば（すなわち、OEM企業の製品開発部門との技術的作業を通じて）、さらに借入れプログラムとして、特約代理店はその部品メーカーから部品1個当たり0.5ドルの支払いを受けます。

　例に戻ると、10,000個の部品を必要としているソレクトロン社のバイヤーは、部品メーカーからの5,000個と特約代理店からの3,000個を調達する場合、さらに2,000個の部品を必要とします。このような場合に、コンヴァージ社のようなサードパーティは、この需要を満たす「マーケットメーカー」としての役割を担います。マサチューセッツ州ピーボディー市所在のコンヴァージ社本社には、その三角形の取引フロアに350人の顧客別販売責任者がいます。ほかに国際的な部品状況と価格をモニタリングしている部品担当者も「ピット」の中にいて、取引価格は一日中ピットの上部のボードに表示されています。ソレク

トロン社のバイヤーは、コンヴァージ社の販売責任者と連絡をとり、その後、その販売責任者は 2,000 個の部品を要請する電子メールを取引フロアのメンバーに送信します。それぞれの販売員は、担当顧客の部品情報データベースを利用して、販売可能な在庫や、特定の顧客のついていない流通在庫をチェックするのですが、この時点から交渉が始まります。顧客側の責任者、特約代理店、部品メーカーとの連絡をとおして、コンヴァージ社は取引を成立させるために、コアとなっている国際的な関係を活用します。販売員は顧客に代わって最適な価格での調達のための交渉を行うほかに、必要な場合には在庫処分を手伝います。パートマイナー社 (Partminor、米) のような企業は、Web のみでそのような業務を行っていますが、コンヴァージ社は必要とされる部品を調達するためにそのコアとなっているさまざまな関係を利用するのです。

最近の景気の失速で、この種の機能はさらに重要になりました。コンヴァージ社は重要な顧客に対して余剰在庫を管理するのに協力しています。図 1.2 で示すように、わずか 2、3 カ月前は供給不足が一般的だったにもかかわらず、2001 年には供給が需要を上回りました。ここが価値を生み出すシステムへの一つの挑戦事例なのです。企業にはオペレーションを加速させるだけではなく、直ちにオペレーションにブレーキをかける能力も必要とされているのです。それも、余分な販売促進費、在庫品処分費、在庫維持コストをかけずにです。

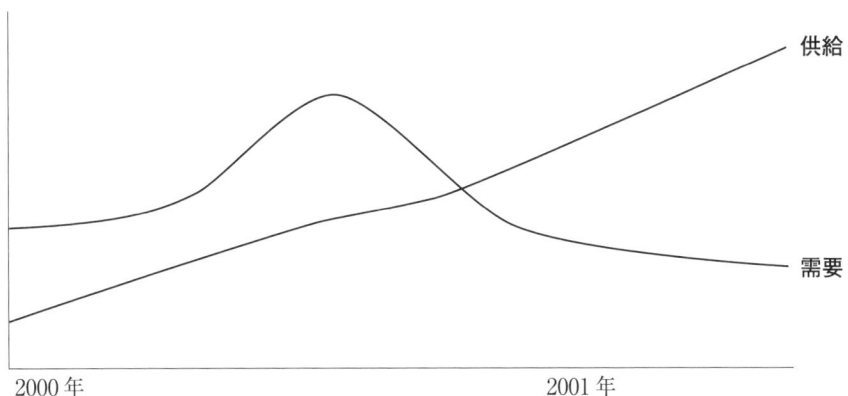

図 1.2 ハイテク部品産業の需要と供給

1.6 技術予測

　筆者らが訪れた多くの企業は、主要な製品設計の変更にともなう設備更新費用、技術変更費用、工程再設計費用がしばしば大きな痛手になることを打ち明けてくれました。市場における需要の見通しが不透明さを増すとともに、新技術の開発にサプライヤーを早期から関与させるメリットに疑問が生じています。新製品開発プロセスにおいて、外部へ委託することをあまりに早く決定することにはリスクがともないます。マネージャーからのインタビューによって、"誤った"サプライヤーの選定が、サプライヤーの設計への早期関与に関する主要なリスクの一つであることが明らかになりました。ある企業は、過去のプロジェクトにおいて新製品開発の期限に間に合わせることを請合ったにもかかわらず、それができなかったサプライヤーを選んでしまった、といいました。この結果、同社は絶好の機会を逃し、市場から締め出されることになりました。今日の環境においては、競合している技術的なソリューションに関する供給市場情報の必要性はこれまで以上に高まっているのです。

　技術革新に対する明確な市場がある場合においても、生産部門やサプライヤーが適切な生産設備を見つけられなかったり、開発できなかったり、購入できなかった場合などに、製品そのものの設計が影響を受けることがあります。このような状況では、製品仕様が不明確なために並行開発を行いにくくなります。市場調査や技術評価などの製品開発前の活動は、新製品を市場に早く浸透させて成功するために重要です。これには、試作品やサンプルを用いた顧客テストを実行するためのマーケティング、設計、製造の密接な連携が必要です。しかし、マーケティングと製造との間の密接で頻繁な相互作用がこのアプローチには極めて重要であっても、不連続な技術革新が起こっている環境においては、不確実性が高いためにそのメリットがしばしば損なわれます。なぜなら、不連続な技術革新をともなう製品においては、より漸進的な技術革新をともなう製品の場合に比べて、市場に関するマーケティング部門の知識が貧弱なことが多く、顧客がその製品の必要性をまだ認識していないことも考えられ、前述の相互作用があまり役に立たないからです。

　プロジェクトマネージャーは、新製品開発プロセスに着手して特定の設計基

盤を決定する前に、購買部門と密接に協業して、企業内外の技術的オプションについての徹底的な調査を行ったほうがよいでしょう。購買部門のスタッフをこのプロセスに巻き込むことで起こりがちな問題は、購買部門のスタッフが新しいものや従来と異なるものを嫌う傾向にあるということです。それは、購買部門の目標と業績評価基準の重点が伝統的にコストの低さに置かれており、新しいことを判断する際の考え方が一般的には異なっているからです。急進的な開発プロジェクトにかかわるマネージャーは、この種の問題を明らかにしています。例えば、あるプロジェクトの設計責任者は、複数の設計変更を提案したときの工場との関係を冗談交じりに次のように述べています。「工場の責任者は私にリストを渡すでしょう。このリストには私が望んでいないことが次の順番で並んでいます。①この変更は神に逆らうこと。②この変更は聖人に逆らうこと。③この変更はローマ法王に逆らうこと。そしてこの種の優先順位づけを確認した後で何ができるのかがようやくわかるのです」

　そのほかのマネージャーとのインタビューによって、不連続な技術革新が調達上の意思決定に同じような影響を与えることが明らかになりました。内製にすべきか、外部委託にすべきかを決定するにあたり、技術の不確実性に関連するリスクが増加しているため、技術が「安定」するまで辛抱強く待つことがマネージャーにしばしば要求されます。不安定な技術を一時棚上げすることによって、正しい技術上の決定を行える可能性が増します。日本の大手コンピューター部品メーカーとの議論においては、入念に連続した分析を行うことの必要性が明らかになりました。年に一度、この企業は多数のトップ企業とともに産業コンソーシアムに参加しています。そこで、将来の技術のロードマップ、標準構成、技術トレンドの予測を確認します。また、この企業は主要な顧客と直に打合せを行うことで、ソフトウェアに関する将来の要求を確認しています。これらの会合が実施されるまで製品開発上の決定を遅らせることによって、製品開発部門の責任者は、将来の技術に対する重要な要求を見出すことが可能になり、市場のニーズを満足する飛躍的な製品の開発につなげることができます。これは特にコンピューターのような(しばしばハードウェア要件がソフトウェア要件の変化についていくことができない)産業において重要です。

　別の企業のプロジェクトマネージャーは、より不連続な領域におけるプロジ

ェクトを開発するのに苦心していました。この開発プロセスを要約して次のように述べました。「私たちが典型的な工場技術者に証明できたことは、私たちが十分にわかっていないために工場技術者の時間を浪費することになるということでした」。製品への要求事項が不明なため、プロジェクトの開発スピードを上げる意味がほとんどなかったのです。

　このような並行的なアプローチに関して述べられていることの多くは、特定の開発「ステージ」における活動に関係しています。しかし、これらの不連続な技術革新の初期段階においては、製品の仕様と工程の特徴に関連した決定を行うことがほとんどできません。たとえ経験にもとづいて推測することができたとしても、生産工程にコミットするのが早すぎると、それにともなって甚大な損失を招くことが多いのです。

　このような状況についての完璧な例を、米国の電機メーカーのある技術者と議論したときに発見しました。その企業は、システムのそれぞれの段階において特殊化した部品を必要とするプログラム制御可能な自動制御システムの開発を試みていました。技術を図示化する際に、この技術者は「緑の点」(既知の技術)、「黄色の点」(不安定な技術)、「赤い点」(多くの欠陥が見られる新興技術)に区分しました。計画されている自動制御システムには多くの赤い点が含まれているにもかかわらず、開発に取り掛かる前に、販売員はそれを熱心に顧客に紹介していました。技術者はすぐに販売員に連絡し、利用可能になる前にこの技術革新を表に出してしまったことを叱責しました。

　プロジェクトの次の段階では、技術者は外部委託の可能性も含めて、「赤い点」の技術を開発するための最適な方法を複数の大学研究センターに相談しました。複数の研究者との相談の後で、外部委託による技術開発も不可能ではないが、成功の確率を最大にするには社内で開発を遂行しなければならないと確信するようになりました。その企業は、この年に製品を開発するための設備を購入しました。技術を安定化するための工程設計の慎重な実験に１年かかりました。技術を仕上げるための実験計画を完遂するまでの期間には、「心の平静」が要求されたと技術者は強調しました。この環境をつくるために、既存の生産工程に組み込まれないようにするための本物の「檻」が設備の周りに設けられたのです。技術者は、次のようにこのプロセスを解説しました。

1.6 技術予測

「製品の開発・導入のためには、工程技術を閉じた環境下で開発する必要があります。コンカレントエンジニアリング[*4]は革新的な技術に対しては役に立ちません。つまり単に開発を急がせることはできないのです。このアプローチは本当にうまくいきました。実際の製品設計が技術ロードマップに沿って開発された頃には、市場への製品投入の時期に合わせた工程技術を導入することができました」

ある日本の大手コンピューターメーカーは、研究所における基礎研究の場合、重要なサプライヤーと(正式契約が交わされていない状態での)非公式の会議を行うのはごく普通のことであると述べています。情報の共有はサプライヤーとの合同会議という形で実施され、最初にサプライヤーの経営陣からコミットメントをとりつけるための会議から始まります。同社はサプライヤーの経営陣にアプローチして、今後の製品の開発に従事する意思があるかどうかを尋ねます。これは正式な契約の締結がない状態での相互の信頼関係にもとづくアプローチです。製品開発に必要な基本技術の確認のために、まず研究開発部門がサプライヤーへアプローチして評価を行います。そして、内部の専門知識と外部のコアになる専門知識との融合を期待して、技術に関するアイデアを共有するようにサプライヤーに依頼します。同社は、成し遂げられる相乗効果が革新的な新製品になることを望んでいるのです。このような会議では、研究開発部門が議論を主導し、購買担当者はその場にいないことすらあります。

この段階では、技術の共有のために秘密保持契約書(NDA)が使用されることはありません。あるマネージャーは「特に社内で有望な技術に取り組んでいる場合には、サプライヤーにその技術を開発させたくありません」と言いました。サプライヤーとの議論の内容は、主に技術に関するものであり、サプライヤーの技術力や専門性にしばしば焦点が当てられます。研究開発部門がサプライヤーに能力があると判断すれば、購買部門や法務部門が秘密保持契約書(NDA)の作成を支援することになります。

1.7 各国の政治経済に関する予測

　サプライチェーンにおける政治経済上のリスクを評価することは、特に企業が取引している地域が不安定な場合には重要です。イラクにおける二度目の戦争において、一般的な政治的背景の一例を見ることができます。この戦争はイラク一国に影響を与えたほか、多くの油田が操業停止になり石油の国際的な供給にも影響を与えました。特に、製品に使用、転売するために石油を購買している企業はこの影響を受けたと思われます。米国によるイラクへの禁輸措置は解除されたものの、ベネズエラ、ロシア、ナイジェリアやその他の重要な産油地域の政治的な不安定さは、多くの原油供給計画の立案プロセスにおける主要な変動要因として残っています。

　世界各地に拠点を置く主要なサプライヤーに対するリスク評価結果の情報を提供することができる、専用の供給市場情報グループが必要です。インタビュー先には、経営陣が今後6カ月間の国際市場（アジア、東欧、南米）での売上高の著しい増加を予想していたため、靴のサプライチェーンにおける生産能力の増強を検討している企業もありました。この靴メーカーの課題は、財務と一連の供給能力を最大化するための、サプライヤーのポートフォリオの策定に関する戦略を理解することでした。とりわけ、コストの低い国からの調達におけるサプライヤーのグローバルポートフォリオを維持する際に存在し得る、リスクとメリットとのバランス（政府、政治状況、為替レート、労働者に関する産業特有の問題など）を検討するための方法論を経営陣は策定中でした。サプライチェーンの観点から、企業活動を行う立地に関連して何を考慮すればよいのでしょうか？　例えば、成長している巨大な中国市場を想定して、その製品を現地調達することによる利益はあるのでしょうか？　競合上、重要なこの地域での戦略的な決定を下す際に、経営陣を支援するためのより厳密なリスク評価方法がこの方法論の一部として検討されました。同社は顧客からの注文数量に対して103パーセントを超える量の生産を行いませんが、需要が伸びるにつれ、注文に素早く対応できることが、この方針の成功のための重要な要素になるものと予想されます。

　同社は、現在の供給国や供給地域のリスクプロファイル[*5]を作成し、これ

1.7 各国の政治経済に関する予測

に検討中の供給地域を追加して、最適なリスクプロファイルのネットワークを見出すために、リスクポートフォリオアプローチを採用しました。さらに、地域ごとに理論的な供給能力と実質的な供給能力が検証され、各供給拠点の供給能力の潜在的な拡張余力の推定が行われました。供給能力に関するリスク戦略を策定するために必要な重要事項として、各国の次の情報が挙がりました。

- 既存のサプライヤーの地域(品質、コスト、理論的な供給能力、実質的な供給能力、潜在的な供給能力)
- サプライヤー候補の地域(靴の生産のための適切な原材料の入手可能性)
- 国内輸送、国外への輸送における靴製品への課税環境
- 候補地域に対する現行地域の労務費のトレンド
- インフラ(陸路、空路、海路)
- 祝祭日の数
- 土地代
- 燃料価格
- 失業率
- 労働安定性
- ストライキの傾向
- 休日の慣習
- 生産コストと輸送コスト(1パレット当たり/1平方メートル当たり)
- 人口
- 医療保険費用
- 政情の安定性
- 国内の他の(主要な)輸送拠点
- 自然災害の傾向
- 技術基盤評価
- 犯罪・窃盗の件数
- 雇用に関する法律
- 労使協議ルールの厳格さ
- その他(必要に応じて)

上記の各要素のデータは、アナリストがさまざまな情報源から収集しました。

Webもしくはほかで入手可能な情報源には次の事項があります。
- 米国務省
- アジア、ラテンアメリカ、東欧の業界団体
- 世界銀行
- サプライチェーンリソース共同研究体(SCRC)のデータソース
- アジア物流報告書
- スタンダード＆プアーズの国別格付け
- 物流の接点：メンロ・ロジスティクス社(Menlo、米、航空物流)、ライダー・インテグレーティド・ロジスティクス社(Ryder、米、物流)、DBシェンカー社(Schenker、独、物流)、イーグル・グローバル・ロジスティクス社(Eagle、米、物流)、エクセル社(Exel、米、物流)
- CIAの情報報告書
- 商務省の報告書
- 地元の通信社
- 種々の他の事業体

アナリストは、検討中の特定のサプライチェーンの配置のリスクプロファイルを作成しました。リスクプロファイルの作成は「リスクアルゴリズム」を考案することによって達成されました。リスクアルゴリズムとは、リスクの発生確率とリスクが発生した場合の影響の度合いにもとづいて個々の指標を重み付けすることによって、すべてのデータを総合リスクスコアとしてまとめたものです。この結果を異なる成熟度のレベルに応じて定義づけられた成熟度診断表として示しました。診断表は「非常に不適切(1点)」から「非常に適切(5点)」までの5段階に区分されており、各評価を行うためのデータソースは文書化されています。初期の調査にもとづいて、この成熟度診断表が開発され、パラメーターごとの各レベルに応じた特徴と定義が与えられました。表1.6に例を示します。

候補になっている各地域に対する調査によって、各地域の診断表上の位置が決まり、その位置から、このパラメーター(ここでは労働者)に関する各地域のスコア(1〜5点)が決まります。この種の主観的な評価には分析が必要となりますが、この分析は最新のニュースの評価のほかに、インタビュー、初期調査、

1.7 各国の政治経済に関する予測

表 1.6　成熟度診断表

		生産に極めて非好意的	生産にいくらか好意的 →	生産に極めて好意的
雇用	雇用環境	●従業員の一時解雇が極めて困難 ●極めて高い労組加入率 ●適任従業員の手当てが極めて稀 ●前年のストライキ多発	●従業員の採用、解雇の柔軟性が平均的 ●中程度の労組加入率 ●一部の職における適任従業員の手当ては可能だが、他の職では不可能 ●前年のストライキ数は中程度	●従業員の採用、解雇の柔軟性が高い ●極めて低い労組加入率 ●熟練労働者の手当てが極めて容易 ●前年のストライキ数は無視できる程度
	失業率	20%超	15〜20%	10〜15%	5〜10%	0〜5%

追加調査からのさまざまな洞察にもとづいて行われます。

表 1.7 に示されているポーランドの「労働者」パラメーターの得点は 3.25 です。

この評価は多数のさまざまな主観的な評価にもとづいています。必ずしも精緻な方法ではありませんが、ポーランドにグローバルな調達先を求めるか、その他の地域にするかを決定する基準を作成するための指針を提供することができます。

このフレームワークにもとづいて将来シナリオの分析を実行するためのプロトタイプのシステムが開発され、シナリオ分析[*6]が行われました。経営陣からの情報を加味して、今後 6 年間の供給能力割当てに対して起こり得る複数のシナリオが定められ、それぞれ評価されました。さらに、各シナリオについて、その戦略に関連する高リスク要因を特定するリスクプロファイルが作成されました。

1.8 規制や政策に関する予測

国際的な企業は、本国における規制機関のみならず世界中の多数の規制機関にも対応しなければなりません。最高 50〜60 もの世界中の規制機関と対話をしている企業もあります。世界で最も複雑な規制ネットワークの一つは、製薬産業を管轄しているものです。FDA(Food and Drug Administration：米国食品医薬品局)は世界で最も厳格な薬剤規制機関であり、米国の企業に困難とその先にあるビジネスチャンスをもたらしています。企業は薬剤が FDA の認可プロセスをパスすれば、全世界のどの国でもおそらく認可されることが期待できるのです。FDA は他国の認可を受け入れないで、今後とも世界で最も厳格な審査を実施し続けるでしょう。基準があまりに厳しいために、米国に参入しない企業もあります。基準のより緩い他国において利益を上げられるからです。1996 年以降、FDA が認可する製品数は毎年減ってきており、高い市場価値をもつ製品の開発はますます難しくなっています。別の見方をすると、難病が残ってはいるものの、より単純な病気は克服されてきたのです。

FDA の認可プロセスは氷山の一角であり、認可の後には、世界中の患者に

1.8 規制や政策に関する予測

表1.7 ポーランドを位置づけた成熟度診断表

		生産に極めて非好意的 →	生産にいくらか好意的 →	生産に極めて好意的
雇用	雇用環境	●従業員の一時解雇が極めて困難 ●極めて高い労組加入率 ●適任従業員の手当てが極めて稀 ●前年のストライキ多発	●従業員の採用、解雇の柔軟性が平均的 ●中程度の労組加入率 ●一部の職における適任従業員の手当ては可能だが、他の職では不可能 ●前年のストライキ数は中程度 ポーランドの位置づけ	●従業員の採用、解雇の柔軟性が高い ●極めて低い労組加入率 ●熟練労働者の手当てが極めて容易 ●前年のストライキ数は無視できる程度
	失業率	20%超	15〜20%　　　10〜15%　　　5〜10%	0〜5%

どのようにアプローチするか、といった課題が残されます。この課題はコストに大きな影響を与えます。企業は製品の効能を証明するとともに、その製品が社会に価値を与えることを示さなければなりません(例えば、バイアグラが社会に肯定的な影響を及ぼすというファイザー社(Pfizer、米、製薬)による説明)。米国のマーケットは自由市場です。しかし、大部分のヨーロッパの国々は社会民主国家であり、個別に薬価交渉が必要となる政府が運営する国民健康保険システムがあります。薬価が合意されなかった場合には、健康保険システムによる患者への価格補塡がないので、製品の販売認可を得るために製薬企業は直接政府と薬価交渉をしなければなりません。

　特許と知的所有権に関しては、世界中の法律の変化を理解して予測することが特に重要です。新製品開発においてサプライヤーがその顧客企業との結びつきを強めるにつれ、知的所有権協定を結んでおくことが一般的になってきています。米国憲法には、特許と著作権法を含む知的所有権に関する法制度のためのフレームワークがあります。第1条第8節第8項には、「著作者および発明者に、一定期間それぞれの著作および発明に対し独占的権利を保護することによって、学術および技芸の進歩を促進する権限を連邦議会が有する」と記されています。米国には、①特許、②著作権、③企業秘密という3種類の知的所有権があります。特許法は、1790年特許法、合衆国法典第35巻第1条、関連法を含む複数の連邦特許法で制定されました。著作権法は連邦法令、特に1976年著作権法にもとづいています。連邦特許法と著作権法は、これに矛盾するいかなる州法より優先されます。これらと対照的に、営業秘密保護法は慣習法にもとづいており、特許法と著作権法による法的保護を受けていない独自のアイデアを保護することを目的としています。慣習法は州によって異なるので、実際には若干の相違がありますが、大部分の州は非常に類似した法律を整備しています。特許は発明者と連邦政府との合意によって成立する、というのが最も基本的な考え方です。現在、米国における特許権者には米国特許庁に出願した日付から20年間、発明に関する専有権(生産、使用、販売)が与えられています。

　中国やインドのような国では、著作権、特許権という概念がまったく認識されていない可能性があることに注意してください。近年、WTO(World Trade

Organization:世界貿易機関)へ加入したため、中国とインドは著作権を認めていますが(少なくとも口頭では)、海賊版の問題には変化の兆しがありません。企業がサプライヤーからその製品を購入するときは、常に特許権侵害に当たらないように注意して身を守らなければなりません。これには、すべての購買文書に特許免責条項を盛り込むことが最も有効な対策で、条項は次の3つから構成しなければなりません。

① 契約対象品が他者のどの特許も侵害していない旨をサプライヤーに保証させることによる免責
② どのような特許侵害訴訟が起こってもサプライヤー自身に抗弁させることを要求する権利
③ どのような特許侵害訴訟においても購買者自身の弁護士を関与させる権利

1.9 グローバル調達に影響を及ぼす規制

国内(米国)法、国外法、国際法のなかの多くの法律が国際的な取引に影響を及ぼします。以下は、国際的なビジネス取引を行う購買者に影響を及ぼす可能性がある複数の法律を要約したものです[2]。動的な供給市場環境の変化に応じて法律も変わるため、供給情報グループはこれらの法律の変更と関連する影響を積極的に調査しなければなりません。

① **海外汚職行為防止法**
　この法律は、外国の公務員の個人的な利益になる可能性のある支払い(例えば賄賂)を禁止するものです。通常は売り手に関係するものですが、この法律が対象にしている状況を理解するために買い手もその条項を理解しなければなりません。

② **反ボイコット法**[*7]
　他国に対してのボイコットを支援する国との取引には、さまざまな法が関係します。アラブ諸国のイスラエルに対するボイコット、中国の台湾に

対するボイコットなどが例として挙げられます。これらの法律は、ボイコットへの参加要請のあらゆる報告を求めていますが、買い手はしばしば行うべき報告を見落としています。

③　輸出管理法

さまざまな法律と規制が、物品、情報、サービスの輸出を取り締まっており、場合によっては制限すらしています。購買者自身は輸出に携わっていると認識していないかもしれません。しかし、この法律においては、ある種の図面、仕様、試作品がサプライヤーなどの外国の事業体に送付された場合に、禁止された技術の輸出と見なされます。この領域において疑問があれば、専門家のアドバイスを求めることを強く勧めます。

④　関税法

関税法は米国への物品の輸入を取り締まるものです。輸入を取り締まっている規則や規制を理解するうえで、関税法を熟知している通関業者が非常に役に立つことがあります。

⑤　外国の法律

国外での経済活動に適用される米国の法律に加えて、取引に関係する他国の規則や規制も適用されるかもしれません。契約法、輸出管理法、通貨管理法、刑法が関係することがあり、特定の要件に当てはまれば取引が違法になる可能性があります。

⑥　国際法

国家としての法規以外にも商取引に適用される法律があります。海事法は国際的な商取引に影響を及ぼす国際法の典型例です。国際的な業務には複数の国際文書も関係します。これらは、CISG[*8](The United Nations Convention on Contracts for International Sale of Goods：国際物品売買契約に関する国際連合条約)、INCOTERMS[*9](インコタームズ)を含みます。

⑦ 原産国表示

　原産国表示に関する国際的な規則への合意と統一への作業は始まったばかりで、成立するまでに時間がかかりそうです。それまでの間は、他国への物品出荷に必要とされる原産国書類に関する、複雑で統一性のない各国の一連の法律に従わなければなりません。慎重にモニタリングを続ける必要があります。

1.10 グローバルロジスティクスリスクの評価

　供給市場の情報分析グループにとって、グローバルロジスティクスに関する情報を集めることは特に重要です。なぜなら、異なる国におけるビジネス活動に必須であり、ビジネスへの主要な混乱・途絶リスクとなり得るからです。中国、インド、東欧にグローバル調達が向かうにつれ、現在、多くの企業は、グローバルな流通チャンネルのなかにおいてサプライチェーンリスクが増加していることを認識しつつあります。グローバル調達によって、購買価格の低下と市場アクセスの拡大という形で多くの利益が得られるかもしれません。しかし、経営層はこの戦略の副産物として、製品・サービスのフローが混乱・途絶する確率が高まることと、その影響が大きくなることを認識しなければなりません。サプライチェーンに大きな混乱・途絶が生じると、企業活動が「中断」する可能性があり、収益性に深刻な結果をもたらす場合があります。

　この数年間に、9.11同時多発テロ、イラクでの戦争、西海岸の港湾スト、さらにはトラックドライバーの上限労働時間規制のような事件が起こっており、このような混乱・途絶が最も劇的な形で身近に感じられるようになってきました。予想外の事象（イベント）として、上記のほかに、自然災害や顧客要求事項に関する不十分なコミュニケーションがあります。これらは、ミス、バックオーダー（受注したが在庫がないため未納になっている注文）、部品の不足、原材料品質の瑕疵をもたらし、企業ブランドに負の影響を与えます。これらの混乱・途絶がもたらすコストは高くつくことがあり、サプライチェーンの停滞や、場合によっては販売と生産の急停止を引き起こしてきました。さらに、これらの混乱・途絶による影響は、「無駄のない」、つまり「時間的余裕のない」生産

を取り巻く環境において増幅される可能性があり、サプライチェーン全体に障害を引き起こすかもしれません。

9.11同時多発テロの大きな影響は、国境を越えたものの動きにとどまらず、異なる国でビジネスを行う際の環境にも及んでいます。供給市場の情報分析チームは、世界貿易、各国固有のイベント、供給管理の環境に影響を与える可能性があるロジスティクスに関する規則について、それらの動向を注視しなければなりません。確認すべき主要なリスクと脅威には、以下の要素があります。

① 反テロ法

ますます多くの企業が、C-TPAT[*10](Customs-Trade Partnership Against Terrorism：テロ行為防止のための税関産業界提携プログラム)とPIP[*11](Partners in Protection)のような国際規制に関心を向けています。これらは、サプライチェーン全体と国境警備の強化を目的とした、相互の協力関係を築くための官民合同構想です。参加物流業者への便益には、次のものがあります。

- 検査の簡素化とより迅速な通関手続き
- 毎月の関税一括支払いプログラム、Fast(Free and Secure Trade)プログラム[*12]、ISA(Importer Self-Assessment：輸入者自己評価)プログラム[*13]への参加(C-TPATとPIPへの参加が前提条件となっている)
- 周囲から国土安全保障を支援していると見られること
- 「リスクが低い」企業に格付けされるための鍵になること
- SVI[*14](Status Verification Interface)

これらの協定の大部分には、次の事項が必要とされます。

- サプライチェーンのセキュリティに関する広範な自己評価を行うこと(C-TPATの必要条件は表1.8に示されています)
- 参加するための合意書への署名と返送
- サプライチェーンセキュリティプロファイルを完成して、60日以内に税関に返送すること
- 強化されたセキュリティプログラムを策定し導入すること

1.10 グローバルロジスティクスリスクの評価

表 1.8　C-TPAT の必要条件

業務手続のセキュリティ	御社には、積荷リストにないものがサプライチェーンに紛れ込むのを防ぐための手続きが備わっていますか？
物理的セキュリティ	すべての建物は不法侵入に抵抗し、外部からの侵入を防ぐように建設されていますか？
アクセス制御	施設と輸送機関への無許可のアクセスは禁止されていますか？
従業員セキュリティ	御社は雇用審査(履歴書の記載内容の確認など)や身元調査などを行っていますか？
教育・訓練と意識向上	御社には、内部共謀や貨物の完全性の維持などを含む、従業員向けのセキュリティ認知度向上プログラムがありますか？
積荷リスト手続き	積荷リストは完全、正確で、読みやすく、そして税関へタイムリーに提出していますか？
輸送セキュリティ	許可されていないものが紛れ込むのを防ぐために、御社における輸送の完全性は維持されていますか？

- サプライチェーン内の他の企業にセキュリティガイドラインを伝えて、彼らがセキュリティプログラムを策定するのを支援すること
- 3年以内の検証

　グローバルロジスティクスに関する規制は、今後さらに厳しくなることはあっても緩和されることは考えられません。関税セキュリティについての懸念がなくなることはありませんが、「スマートシール」と呼ばれる RFID[*15](Radio Frequency Identification：無線自動識別)や、コンテナ上の「スマートボックス」技術[*16]に関する議論が既に始まっています。そのうえ、輸入品に対する検査頻度も増加し始めており、取引の合法性に加えてセキュリティへの懸念が顧客の関心事になりそうです。業界に固有のセキュリティ標準を設け、運輸省やFDAなどのような政府機関と調整を行うことについても議論されています。

　問題点は以下のとおりです。グローバルロジスティクス、ならびに米国内のロジスティクスのインフラには上記のとおり負荷がかかっている状態

にあり、2005年にこの負荷が著しく減少するような兆候はありません。実際に、さまざまな指標が、負荷が軽くなる以前に、より重くなることを示しています。今年、準備を行わなかった企業は、輸送中の在庫商品が途中で立ち往生し、クリスマスを迎えるときに商品棚が空っぽになってしまいそうです。すべての企業は、これからの数年間に対する準備をすぐに始めなければならないのです。

② ロジスティクスの脆弱性[2]

　企業は、種々の問題から生じている、遅れがちな輸送、急激に長くなってきているリードタイム、急上昇しているコストを避けるための取り組みを進めています。店の棚へ製品を届けることがこれほど難しくなったことは過去にありません。企業は、劇的に増加した海上輸送量とひどく混雑した港に対処しています。労働時間に関する新たなルール、運転手の不足、燃料価格の上昇によって引き起こされている、米国の鉄道やトラックの輸送能力の不足、そして、セキュリティ規則や取引ルールが厳しくなったことが、さらに状況を難しくしています。企業はこのような状況を直視して立ち向かわなければなりません。これまでは新しい税関申告法の厳格さに対処する必要はありませんでしたが、コストをかけてでも問題を回避しなければならないのです。

　以下の事例を見てください。

- ある耐久消費財企業は、回転率の最も高い在庫をより戦略的に配置するよう流通ネットワークの変更を行いました。これによって、同じ運送会社と同じ車両が連続したループを形成することになり、その結果として輸送限界能力に近づくはずでした。しかし、運送会社の2、3社があらかじめ合意していた輸送能力に対する義務を果たせなかったので、同社は品切れを避けるために大慌てで代替手段をとりましたが、高額のコストがかかりました。同社にとっては物流経費の維持・低減を行えなかった初めての年になり、クリスマス休暇前に従業員へボーナスを支給することができませんでした。
- 年商の60パーセントがクリスマスシーズンに集中しているある玩具

メーカーは、アジアからの貨物の輸送先をロングビーチ港の代わりにオークランド港とシアトル・タコマ港に変更しなければなりませんでした。ロングビーチ港では、20〜30隻の船が荷降ろしの順番を待つために沖合で待機しており、最大10日間の渋滞が起こっていたからです。しかし、代替港からのトラック輸送能力を確保できなかったために同社は一部の積荷を鉄道へ移さなければなりませんでした。結果として同社が時間どおりに配達することができなかったために注文のキャンセルが起こりました。クリスマス明けの朝になっても相当な量の同社の玩具の一部がロングビーチ港に留まる結果となりました。
- デル社（Dell、米、パソコン）は、米国東海岸の企業と消費者への製品の納入を改善するために、ノースカロライナ州に新しい生産設備を建設すると発表しました。同社はカスタムオーダーを専門としているので、安価であっても時間のかかる輸送方法が機能しないことがあります。顧客により近い場所に生産設備を設けることによって輸送経費を節減でき、カスタムメイドの要求にもすぐに対応することが可能になります。物流の欠点をよく認識したこの計画のおかげで、東海岸の顧客は同社の製品を選び続けることでしょう。

貿易量の著しい増加のために、国際的な物流インフラと能力にさまざまな負荷がかかっています。これは、過去10年間に構築されたジャストインタイム方式[*17]のサプライチェーンに負の影響を及ぼしています。企業が以前より長くなったリードタイム（従来の2〜3倍）に対する計画を立てようと検討している間にも、リードタイムの変動幅の増加（従来より25〜75パーセント大きくなっている）は、注文への完全な対応、顧客サービス、必要在庫量に対してまったく予測困難な影響を及ぼしています。

輸送業者は、すべての輸送方法、港、輸送経路にわたる輸送量の驚異的な増加を報告しています。ある種の経済的事象は成長が今後とも続くことを示唆しており、インフラへの負荷がさらにかかりそうです。各物流領域で起こっていることは以下のとおりです。
- 海：ある日本の船会社は2003年からの収益が43パーセント増加する予

想を発表し、あるヨーロッパの船会社は、2003年からの貨物量の増加を14パーセントと報告しています。他の船会社は、2003年からの貨物量の12パーセントの増加と、料金の平均10パーセントの上昇を報告しました。パナマ運河の交通量は前年より6.7パーセント増えていますが、WTOは今後4年間にコンテナ輸送量がさらに60パーセント増加すると予想しています。

- **空**：ルフトハンザ社(Lufthansa、ドイツ、航空)とアメリカン航空社(American Airlines、米)は、航空貨物量が2003年から各々10パーセントと12パーセント増加したと報告しました。そして、製造業が急送サービスを増やしていることを強調して補足しています。フランクフルト空港は、航空貨物輸送が前年から14.5パーセント増加した旨を報告しましたが、これは過去の最高記録です。

- **陸**：「モルガン・スタンレー・トラックロード・インデックス」は、米国のトラック輸送への需要・供給比率が2003年の倍の10：1であることを示していますが、ドライバーの不足と労働時間に関する新たなルールが明らかに影響しています。エネルギー情報局の報告によると、ディーゼル燃料価格の平均は1ガロンにつき2.13ドルで、その前年の同期間に比べ65.1パーセント上昇しています。また、陸上運輸委員会は、混雑と鉄道インフラの問題のために、鉄道車両の速度が過去2年間で20パーセント低下したと報告しました。

- **貿易政策**：USITC(The US International Trade Commission：米国国際貿易委員会)は、世界的な衣料と繊維製品の割当制度の段階的な排除が完了する2005年以後、劇的な変化が始まる可能性があると報告しました。中国とインドの低コストで効率的な衣類製造業者へのシフトが加速することが予想されます。

結果として、これまで述べてきた成長のために、短期的には生産能力への需要は供給を上回り続けることが見込まれ、これは価格の上昇と、取引量の制限を引き起こします。真剣にリスクを受け止めている企業の例については、表1.9を見てください。

供給に関するマネジメントを取り締まっている法律は複雑で多様です。環境

1.10 グローバルロジスティクスリスクの評価

および労働問題に対処している法律もあります。本節では、今日、購買者は国内購買、国際購買を取り締まっている法律や規則を認識しなければならないということを指摘するに留めています。購買者は、業務責任を遂行するうえで起

表1.9　サプライチェーンリスクを真剣に受け止めるグラクソ・スミス・クライン社

　GSK社(GlaxoSmithKline、英、製薬)は、同社のサプライチェーンをテロリズムの脅威から保護することを目的として、C-TPATと呼ばれる米国の関税プログラムの一部を担うために、自主的に申請をしていました。2001年9月11日のニューヨーク市攻撃への対策としてつくられたこのプログラムは、テロ行為からの貿易チャンネルのセキュリティを高めるために策定されたものです。

　GSK社は最近になって、そのサプライチェーンが認可され、認証された旨の通知を受けました。同社からは4つのベストプラクティスが同プログラムに採用され、これらは安全なサプライチェーンがとるべき形態のお手本として、他の米国企業で使われることになります。「われわれの周りの世界では、これからも劇的な変化が起こり続けます。したがって、われわれは、事業を安全かつ効率的に行うことを可能にする、新たな業務プロセスへ移らなければなりません」と、国際生産・供給部門担当社長のデイビッド・パルマン氏は述べています。「われわれがC-TPATに喜んで応じ、リーダーシップの地位に就いて、関連する手順と方針の作成を支援したことは良い例です。これは事業遂行上の良い方法であることに留まらず、企業の名声にも好影響を与えています」

　認証されるためには、GSK社は包括的なセキュリティプロファイルを準備しなければなりませんでした。これは物理的セキュリティ、従業員セキュリティ、アクセス制御、データセキュリティを含む多くの業務領域をカバーするものでした。このプロファイルは、米国税関・国境警備局の認証チームに提出され、多くのセキュリティプロセスへの実地検証が行われました。

　C-TPATの認証が得られた結果、GSK社は輸入品検査軽減対象企業となり、到着遅延や損失金の減少につながっています。C-TPATに沿った業務遂行方法は同社のコーポレート業務遂行方針に組み込まれ、これにより同社がサプライチェーンのセキュリティに関して常にスタンダードに達していることが保証されます。

　C-TPATの認証が得られたのは、コンシューマーヘルス部門と国際生産・供給部門のグローバルロジスティクス部との協業によります。プロジェクトのリーダーは、国際生産・供給部門、国境コンプライアンス担当取締役のマイク・メイラ氏、国際生産・供給部門、グローバル流通担当取締役ロブ・モンタギュー氏、そしてコンシューマーヘルスケア部門、国際的供給とブランド保護担当取締役のビル・ラモス氏でした。

出典) 2004年9月9日付のGMSオンライン誌 *eNetworker* の記事C-TPAT

こるあらゆる疑問に関して法律顧問と協議する必要があります。購買に関連する法律を知らないようでは有効な企業防衛ができないのです。

1.11 リスク要因の統合

　サプライチェーンにかかわる上級管理者への詳細なインタビューを行った最近の研究にもとづいて、サプライチェーンリソース共同研究体（SCRC）の研究チーム[3]は、サプライチェーンの運営上のレジリエンシー[*18]とリスクマネジメントを強化するために、企業が検討することが可能な、18のベストプラクティスリストを策定しました。また、固有のサプライチェーンリスクマネジメント（SCRM）の能力を発揮している、もしくはその能力を所有している一般的な企業組織の機能に照合して、これらのベストプラクティスを分類しました。図1.3は、4つの重要な組織上の機能を表しています。図1.3では、リスクマネジメントの責任を水平軸と垂直軸で区分していることに注意してください。水平軸は、内部の活動なのか、外部供給源とのインターフェースなのかの区分であり、垂直軸は、現在のビジネスなのか、将来のビジネスなのかを区分して

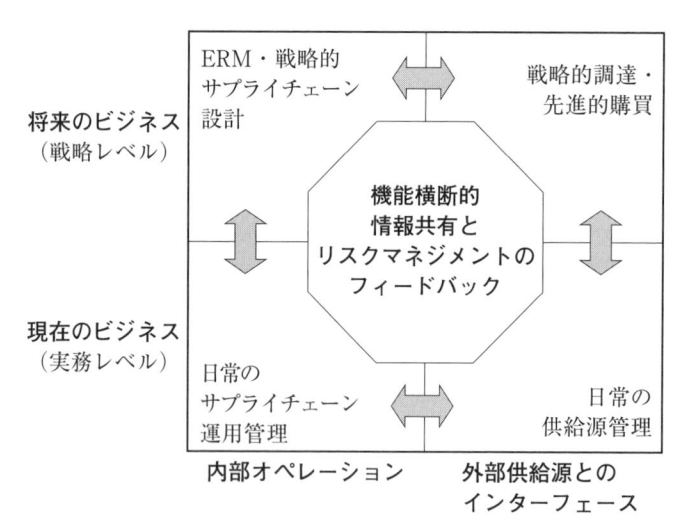

図1.3　リスクマトリックス（SCRMの能力と責任に関する組織機能）

います。

　これら4つの機能上のグループは、既にリスクマネジメントプロセスをもっていることも多いのですが、SCRMも、これらのグループに必要な職務遂行能力を発揮する対象になります。相互依存しているリスクマネジメントの責任下においては、定期的、機能横断的、双方向の情報の共有とフィードバックを行わなければなりません。例えば、供給源管理グループが、特定の国におけるサプライヤーからの原材料途絶というリスク事象を何度も観察している場合には、将来の供給源を決定する際にこのリスク事象が明確に考慮されるように、戦略的調達・先進的購買グループへ情報をフィードバックすることができます。同様に、ERM[*19]・戦略的サプライチェーン設計グループは、例えば、物流中断のリスク回避戦略や、重要な港の混乱への最も効果的なコンティンジェンシープランなどに関する情報をサプライチェーン運用管理グループに提供することができます。さらに、2つの将来のビジネスにかかわるグループと2つの現在のビジネスにかかわるグループは、より効果的なリスクマネジメントを行うために能動的な責任を負う戦略レベル、受動的な責任を負う実務レベルの双方において、決定と行動を調整する必要があります。

参考文献
1) Timothy Appel, "For Caterpillar, Commodity Boom Creates a Bind," *The Wall Street Journal*, January 4, 2005, p. A1.
2) Greg Aimi, Lora Cecere, and Joe Souza, "Stressed Supply Lines Threaten Christmas This Year and Years to come," AMR Research, November 18, 2004, http://www.amrresearch.com/Content/view.asp?pmillid=17766.
3) Debra Elkins, Robert Handfield, Jennifer Blackhurst, and Chris Craighead, "A 'To Do' List to Improve Supply Chain Risk Capabilities," *Supply Chain Management Review*, January 2005.
4) Earl W. Kintner and Jack L. Lahr, *An Intellectual Property Law Primer*(New York：Macmillan, 1975), p. 6.
5) Martin J. Cabarra, J. D., and Earnest Gabbard, J. D., "What's on the books：Other Laws Affecting Purchasing and Supply," *The Purchasing and Supply Yearbook*, John A. Woods, Ed.(New York：McGraw-Hill, 2000), pp. 332-339.

第1章訳注

*1　将来に予定されている買付けを現時点での先物価格で行うこと。
*2　在庫がなくなる都度、購入すること。当用仕入れともいう。
*3　OEM(Original Equipment Manufacturer)企業は、相手先商標製造会社と訳されることが多く、OEM契約にもとづいて相手先商標の製品を製造する企業を指すが、ここでは逆に自社商標の製品を他社に製造させる企業を指している。
*4　「製品設計と製造、販売などの統合化、同時進行化を行うための方法。」(JIS Z 8141-3113)。「製品及びそれにかかわる製造やサポートを含んだ工程に対し、統合されたコンカレントな設計を行おうとするシステマチックなアプローチ。」(社団法人日本経営工学会(編)、『生産管理用語辞典』、日本規格協会、2002年)
*5　総合的なリスク、あるいは複数のリスクの集合の様相を示すもので、個々のリスクとその特徴を表すさまざまな要素によって構成される。
*6　戦略立案する上で、不確実性(リスク)要因に対処するため、複数の異なる条件で戦略を分析する手法。
　　(グロービスのMBA経営辞書、http://gms.globis.co.jp/dic/00682.php)
*7　米国の反ボイコット法は、米国法人とその関連会社が米国政府の認可していない国際ボイコットに協力することを禁止している。
*8　この条約は、国際物品売買契約についての統一法を設けることによって国際取引の発展を促進することを目的として、国連国際商取引法委員会(UNCITRAL)が起草し、1980年4月のウィーン外交会議において採択され、1988年1月1日に発効した。
　　(外務省、http://www.mofa.go.jp/mofaJ/gaiko/treaty/treaty169_5.html)
*9　インコタームズは、FOB、CIFなど貿易取引に使用されている取引条件を国際商業会議所(International Chamber of Commerce：ICC)が取りまとめたもので、全世界で広く貿易関係者に使用されている。
*10　2002年4月から実施されているC-TPATは、セキュリティ面のコンプライアンスに優れた輸入者などに対し、検査率の減少などの優遇措置を施す制度。C-TPAT参加企業にとっての利益は、検査率の減少、検査が必要になった場合の優先的実施などが含まれる。
　　(JETRO、http://www.jetro.go.jp/world/n_america/us/security/)
*11　PIPはCBSA(Canada Border Services Agency：カナダ国境サービス庁)のプログラムであり、国境や貿易の安全を高めるために民間企業と協力し、犯罪やテロと戦い、密輸の検査・禁止を促進するものである。
　　(CBSA、http://www.cbsa-asfc.gc.ca/security-securite/pip-pep/menu-eng.html)
*12　米国・カナダおよび米国・メキシコの共同プログラムで、両国と米国との国

境貿易の促進を目的としており、あらかじめ低リスクと認定された輸入者、運送人および登録されたドライバーに国境の迅速な通過を認めるもの。
* 13 C-TPAT はセキュリティに関するパートナーシップ・プログラムであるが、貿易面のコンプライアンスに関する CBP（米国税関国境保護局）と輸入者のパートナーシップ・プログラムとして輸入者自己評価（ISA）が導入されている。参加者は、税関法律・規制の遵守を約束したコンプライアンスに特に優れた輸入者である。ISA 参加のメリットには、一定の税関監査の免除、貨物検査の減少、CBP よりエラーを通告された場合に 30 日以内に罰則なしで修正できることなどが含まれる。
（JETRO、http://www.jetro.go.jp/world/n_america/us/security/）
* 14 C-TPAT 参加認定を受けた企業間で相互に C-TPAT 参加認定のステータスを確認するためのインターネット検索システム。
（日本機械輸出組合、http://www.jmcti.org/C-TPAT/vol.1/2005/data93/ctpatimporter.xls）
* 15 「ADC 技術の一つで ID タグとも呼ばれる。技術的には非接触 IC カードと同じであるが、箱型、筒型、ボタン型などのさまざまな形状のものがある。バーコードと異なり、無線により離れて読み書きができる。」（社団法人日本経営工学会（編）、『生産管理用語辞典』、日本規格協会、2002 年）
* 16 コンテナがその移動中に容器が開けられたり、細工されたりした形跡があるかどうかの判断を支援するための、コンテナに埋め込まれた電子保安装置などに使用されている技術。
* 17 「すべての工程が、後工程の要求に合わせて、必要な物を、必要なときに、必要な量だけ生産（供給）する生産方式。ジャストインタイムのねらいは、作りすぎによる中間仕掛品の滞留、工程の遊休などを生じないように、生産工程の流れ化と生産リードタイムの短縮にある。」（JIS Z 8141-2201）
* 18 「訳者まえがき」で詳しく解説したので参照されたい。
* 19 総合リスクマネジメントの考え方を企業及び企業グループすべてに適用させる考え方。事故や災害のみならず設備投資や企業買収など企業の業務すべてを対象とするもの。エンタープライズワイドリスクマネジメントという言い方をすることもある。（参考：東京海上リスクコンサルティング株式会社、『図解入門ビジネス最新リスクマネジメントがよ～くわかる本』、秀和システム、2004 年）

第2章
サプライチェーンの混乱・途絶の影響を低減するためのフレームワーク

ロバート・B・ハンドフィールド、ジェニファー・ブラックハースト、
デブラ・エルキンス、クリストファー・W・クレーグヘッド

2.1 はじめに

　近年、全社的リスクマネジメント(Enterprise Risk Management：ERM)[*1]と事業継続計画(Business Continuity Plan：BCP)[*2]が、数ある経営課題のなかからトップに挙げられることが多くなりました。過去においては、リスクマネジメントに関する議論の多くが財務報告とSOX法[*3]に集中していましたが、最近、経営層の間では、2005年のハリケーン・カトリーナ[*4]のような洪水災害や原材料価格の高騰などからサプライチェーンリスクへの関心が高まっています。サプライチェーンには、原材料段階から最終顧客にいたるまでの商品の変化と流れに関するすべての組織と活動のほかに、これに関連する情報の流れを含んでいます(Handfield and Nichols, 2002)。サプライチェーンリスクマネジメント(Supply Chain Risk Management：SCRM)は、サプライチェーン内の組織の統合とマネジメントであり、組織の協力関係や業務プロセスの効率化、高いレベルの情報共有を通じてリスクを最小にし、混乱・途絶の発生可能性を低減することを目指すものです。

　サプライチェーンの混乱・途絶による影響は、その定量化が難しいとはいえ、高いコストがかかる可能性があります。HendricksとSinghalは最近の研究(2003年)で、「サプライチェーンの不全または中断が起こっており、生産や輸送の遅れが生じている」と企業が公表したときの、株式市場の反応を調査しま

した。サプライチェーンに問題が生じている旨を公表した519件について調査した結果、株式市場の反応として株価が10.28パーセント減少したことがわかりました。また、追跡調査(2005年)として、HendricksとSinghalは827件の公表された混乱・途絶事例の長期間にわたる株価への影響(混乱・途絶の発生の1年前から2年後)を調べたところ、株式リスクの著しい増大にともない平均して40パーセント近くも低くなる株式配当を発見しました。また、サプライチェーンの混乱・途絶の大半が、部品不足、顧客要求の変化への対応不足、生産のトラブル、増産のトラブル、品質のトラブルであることがわかりました。

最近の事例の多くもこの事象を実証しています。例えば、ボーイング社(Boeing、米、航空宇宙)は、サプライヤーの2つの重要部品の納入遅れにより、推定26億ドルの損失を被りました(Radjou, 2002)[*5]。2002年には、100人に満たない港湾労働者組合のストライキが米西海岸の港湾作業を混乱させ、コンテナが配送されてスケジュールが正常に戻るまでに6カ月かかりました(Cavinato, 2004)[*6]。また、ハリケーン・カトリーナは米国の多くの地域でガソリン不足を引き起こし、一部の経済活動の停止をもたらしたほかに、ブリティッシュ・ペトロリアム社、シェル社(Shell、英・オランダ、石油)、コノコフィリップス社、ライオンデル社のような大手元売業者に何十億ドルもの収益上の損害を与えました。上記の事例やここに取り上げなかった他の事例を考えれば、サプライチェーンの混乱・途絶に対して経営層が注意を惹かれるのは当然ともいえます。

世界の1,000社に対して行った最近の調査において、単独ではサプライチェーンの混乱・途絶が、収益に対する最大の脅威と受け止められています(Green, 2004)。現在、経営層はサプライチェーンの混乱・途絶が企業の利益に壊滅的な影響を与え得ると認識していますが、サプライチェーンの混乱・途絶の影響を緩和するための戦略は、一般的には十分に策定されていないか、着手すらされていません。大きなサプライチェーンの危機または混乱・途絶に対応する準備ができているのは、フォーチュン500社のうち5～25パーセントにすぎないと推定される気懸かりな統計資料があります(Mitroff and Alpaslan, 2003)。

サプライチェーンを混乱・途絶させるリスクに曝すケースが増えている要因

2.1 はじめに

の一つとして、世界中のサプライヤーに生産などを外部委託する企業が増加している傾向が挙げられます。国際的なサプライチェーンにおける複数の「受渡し」によって複雑さが増したために、混乱・途絶の可能性が高まっているのです。海外から製品を船積みするためには、多数の運送業者、多数の港湾、政府による多数のチェックポイントをとおす必要がありますが、このような「受渡し」の数が増えるにつれ、コミュニケーションの不足、人為ミス、積荷を紛失する可能性も増加します。筆者らがインタビューした大手エレクトロニクス企業の役員は次のように述べています。「製品生産の中国への外部委託に成功しましたが、残念なことに、このサプライチェーンに付随するリスクを効果的に管理するための適切なプロセスをもっていないことを、現在は認めざるを得ません」。このような状況においては、以下の疑問が起こります。原材料を途切れることなく確実に入手するために、企業はどのようなステップでサプライチェーンを設計すればよいのだろうか？　グローバル調達においても、顧客の要求に迅速に対応することが可能なのだろうか？

　本章では、経営層が迫られている両面の課題について述べます。それは、世界中のサプライヤーへ外部委託することによる利幅の拡大と、これにともない新たに形成される供給ネットワークに付随するリスクの極小化です。この問題は、研究課題として次のようにまとめることができます。

> グローバル調達戦略によって製品コストを下げつつ、サプライチェーンの混乱・途絶の頻度と、それが発生した場合の影響を小さくするために、マネージャーはどのような対策をとることができるのか？

　筆者らは、サプライチェーンのリスクマネジメントに携わっている経営幹部へのインタビューをとおして、この研究課題に取り組みました。ここでは、まず、インタビューの方法を解説して、次にリスクマネジメントのためのフレームワークについて述べます。このフレームワークは、経営層がサプライチェーンリスクを特定して、緩和するのに使用できるように、概括的なプロセスとしてまとめられています。そして、グローバルな外部委託の環境下において、混乱・途絶が発生する可能性が本質的に低いサプライチェーンを設計するうえで、

第2章 サプライチェーンの混乱・途絶の影響を低減するためのフレームワーク

鍵となる経営上の原則を述べて、本章を締めくくることとします。

2.2 調査研究の方法

　リスクへの対応計画と緩和措置を評価するために、相手を絞った一連のインタビューを行い、グローバルなサプライチェーンの混乱・途絶に関するさまざまな知見を得ました。インタビューは、製薬企業1社、医療装置メーカー2社、半導体メーカー1社、国際的輸送業者2社、国際的小売業者3社、コンピューターメーカー1社、軍の請負業者1社の経営層に対して行いました。また、2005年に上海へ4回訪問して、フォーチュン500社でサプライチェーンの職務に就いている多数の中国人上級管理者にインタビューしました。インタビューを行った経営層、上級管理者の肩書きはさまざまで、最高執行責任者、最高ロジスティクス執行責任者、インターナショナル・サプライチェーン部長、輸入業務シニアマネージャー、グローバルサプライチェーン・ディレクター、部材マネージャー、輸出入ディレクターなどです。また、自動車のサプライチェーンに関しても徹底的に調査しました。これは、OEM、第一階層サプライヤー、鍵となる流通拠点に勤務しているさまざまな上級管理者間のコミュニケーションも含んでいます。これらの上級管理者に共通して課されている責任は、海外から始まる、あるいは海外へ向けた製品の流れをマネジメントすることです。筆者らは主に、グローバル調達のネットワークにおける原材料の入手可能性（供給量、品質、適時性）に影響する混乱・途絶について洞察しました。この結果生まれたリスクマネジメントプロセスは、次節で説明します。調査の全期間中、Yin(1994)、Eisenhardt(1989)が記した指針と手続きを厳守するとともに、分析にあたっては定性的データ分析手順(Miles, Huberman, 1994)に従いました。

2.3 サプライチェーンリスクマネジメントのプロセス

　筆者らは、インタビューによって経営層、上級管理者が実践している、リスク測定システムを確立して、日常のサプライチェーンリスクの原因を管理して

2.3 サプライチェーンリスクマネジメントのプロセス

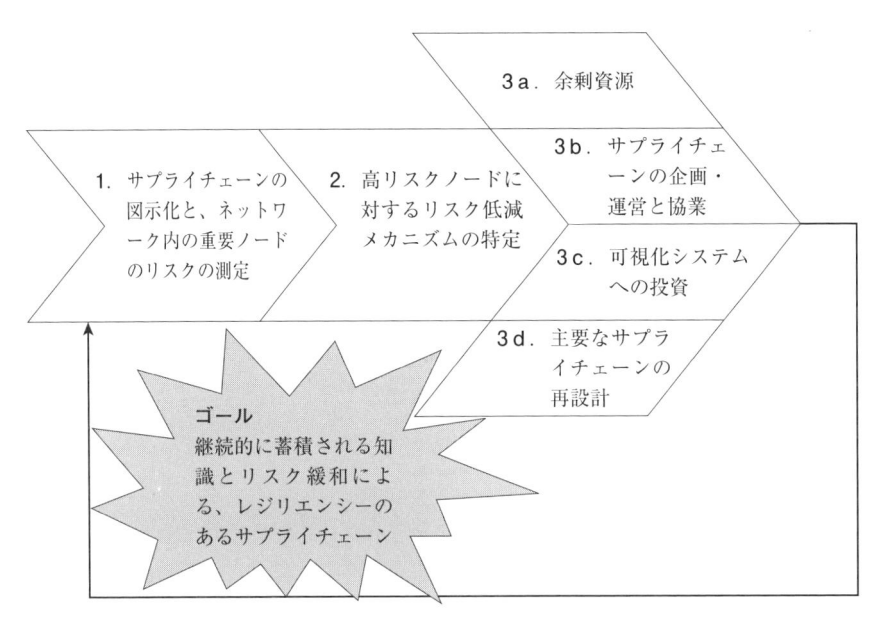

図2.1 SCRMのフレームワーク

いる方法に関する共通点を見出しました。インタビューの進行と同時に、類似点、相違点、そして共通点を比較しました。この結果、共通する行動パターンが明らかになりましたので、それをリスクマネジメントモデルとして図2.1に示します。リスクマネジメントに関する一連の概括的なプロセスは、サプライチェーンを図示化して重要ノード[*7]のリスクを測定すること、リスクの高い重要なノードのために適切なリスク緩和メカニズムを特定すること、そして、これらのノードにおけるリスクを緩和するための具体的な対策を手配することから始まります。この対策には、余剰資源の活用、サプライチェーンの重要なパートナーとの協力的なプロセスの構築、在庫の可視化システムの導入、サプライチェーンの再設計などがあります。

(1) サプライチェーンの図示化とネットワーク内の重要ノードのリスク測定

サプライチェーンは、その構成要素、つまりノードからなる複雑で動的なネ

第2章 サプライチェーンの混乱・途絶の影響を低減するためのフレームワーク

ットワークです。サプライチェーンネットワークの中の脆弱なノードを見つけるためには、重要なリスク事象に見舞われる可能性が最も高い、それぞれの潜在的なポイントを「篩い分け」することができる、何らかのフィルターを適用しなければなりません。一般的にリスクは、事象の発生確率とその事象が発生した場合の影響の大きさによって特徴づけられます。サプライチェーンのリスク、つまり混乱・途絶の発生頻度は増加しているだけではなく、それが発生した場合の影響も深刻になっており、サプライチェーンの一部を完全に停止させる場合があります。

サプライチェーンの設計とものの流れを理解するためには、まず、サプライチェーンノードの概要を図示化しなければなりません。次にサプライチェーンリスクを測定しますが、重大なリスクが懸念されているノードの混乱・途絶の発生確率と、単一のノードにおける混乱・途絶から生じるネットワーク全体への影響の推定値の関数を使用して行います。サプライチェーンリスクへ影響を与える要素に関する一連の算式の概要を、図2.2に示します。

最初に、サプライチェーンリスクとは、ネットワーク内の重要ノードにおける混乱・途絶の発生確率と、混乱・途絶による最終顧客からの収益への影響度とを乗じたものの総和の関数である、と提案します。これらの要素、すなわち発生確率と収益への影響度はさらに分解され、細分化された要素は一連の関数で定義されます。図2.2に示すように、サプライチェーンリスクを混乱・途絶の発生確率に収益への影響度を乗じた関数として測定します。混乱・途絶事象

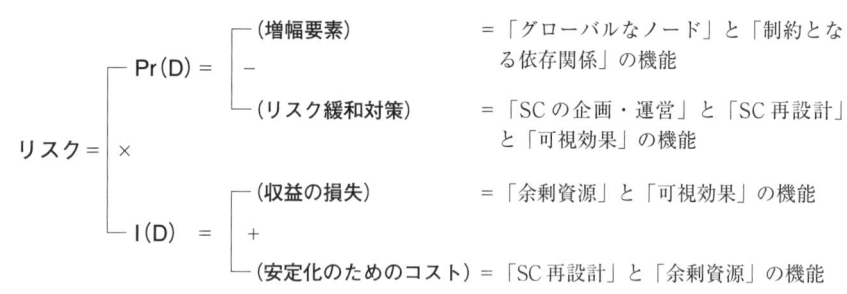

```
                  ┌─ (増幅要素)          =「グローバルなノード」と「制約とな
           ┌ Pr(D) =│                       る依存関係」の機能
           │      └─ (リスク緩和対策)    =「SCの企画・運営」と「SC再設計」
  リスク = │  ×                              と「可視効果」の機能
           │      ┌─ (収益の損失)        =「余剰資源」と「可視効果」の機能
           └ I(D) =│  +
                  └─ (安定化のためのコスト) =「SC再設計」と「余剰資源」の機能
```

注) Pr(D)は混乱・途絶の発生確率(単位:パーセント)、I(D)は混乱・途絶による影響度(単位:ドル)、SCはサプライチェーンの略

図2.2 サプライチェーンリスクの定量化

2.3 サプライチェーンリスクマネジメントのプロセス

の発生確率は、サプライチェーンの広がり、つまりグローバルなノードの数と、制約となる依存関係の数の関数です。関与する場所の数と、複数のグローバル供給源との間の発注や入荷に関するリードタイムが増加するにつれ、混乱・途絶の検知と早期復旧が困難になり、混乱・途絶が発生する確率が増幅します。サプライヤーから最終顧客へのサプライチェーン内の制約（例えば、ボトルネック）の数が増加するにともない、混乱・途絶の検知と復旧の困難さは増します。しかし、サプライチェーンの効果的な企画・運営、サプライチェーンのパートナー間の協業、サプライチェーンの再設計への迅速な対応、情報の可視化によって、事象の発生確率を低減できる可能性があります。単一ノードの混乱・途絶の相対的な影響度は、組織がリスクを低減するために行った対策の程度の関数で表されます。その対策は、余剰資源の手配、混乱・途絶に対する警報を発するイベント管理システムへの投資です。この視点において強調したい鍵となる原則の一つは、混乱・途絶への迅速な対応によって、その影響を大幅に緩和することができるという事実です。最後に、リスクが未知であるか、または緩和できないほど重大な影響があるような場合には、最終顧客に価値を届けるために、サプライチェーンの大幅な設計変更からやり直し、新しい強固な手段の開発を検討すべきだ、と提案します。

　混乱・途絶とは、サプライチェーンの他のノードに影響する、生産または流通のノードにおける大きな機能停止と定義されます。混乱・途絶が起こると、概してサプライチェーンネットワーク全体を事実上停止させ得るボトルネックがノードの1箇所に生じます。火災、機械故障、生産における品質トラブルまたは通関の遅れのような小さな事象でさえ、ハリケーン・カトリーナや9.11同時多発テロのような自然災害や壊滅的な事件と同様に、大きな混乱・途絶を引き起こし得るのです。混乱・途絶を予想することが困難であっても、対策を打つことは可能であり、推定することもできます。例えば、ある大手自動車企業は、主要工場で起こる火災の発生確率のポアソン分布[*8]を作成することができました。これによって、火災件数が分布の平均より著しく多い工場をさらなる調査対象の候補にしました。一連の混乱・途絶とネットワークリスクの全体をマネジメントするには、サプライチェーンの混乱・途絶の発生確率と、その影響を理解することから始めることも重要ですが、混乱・途絶がもたらす影

47

響とノード間の関係(サプライチェーンのノードがどのように相互接続しているか)をよりよく理解するために、サプライチェーンのすべてのノードの図示化、高リスクノードの特定、それぞれのノードのリスクを測定することも重要です。

　混乱・途絶の発生確率を推定し、各々の収益への影響度を見積もったサプライチェーンリスクマップを作成するのは容易ではありませんが、不可能ではありません。また、上級管理者のグループに、ノード間の結合構造と、その分野の専門家による信頼できる市場情報にもとづいた一連のリスク算定を提示すれば、現実的な発生確率の算出と「対応シミュレーション」のシナリオの作成を実施することができます。サプライチェーン内の主要ノードにおける発生確率と、収益への影響度とを乗じた数字をリスク測定基準とすることによって、ネットワーク内で混乱・途絶を引き起こしそうなノードが浮き彫りになります。たとえ年1回であっても、この作業を最初の篩い分けメカニズムとして実施することによって、大きな混乱・途絶を避けるために経営上最大の注意を払う必要のあるノードを特定することができます。

　この作業で得られるもう一つの成果は、問題の範囲と大きさを経営層が迅速に理解できることです。グローバル調達ネットワークではノード数が増加し、これによって明らかにネットワーク全体のリスクも増えます。したがって、リスクの大きいサプライチェーンノードの探索範囲を"限定する"ための最適な方法は、混乱・途絶の最も高いリスクがあるグローバルサプライチェーンノードの特定から始めることです。筆者らのインタビューにおいて、企業のグローバルサプライチェーンのある特性が、早期警戒検知の格好の対象になることがしばしばありました。経営層に、過去5年間に経験した、最も深刻と認識された混乱・途絶の種類を教えてもらえるように依頼し、その回答を記録した後にインタビューの記録をコード化して分類しました。そして回答のすべてが、**表2.1**と**表2.2**に示す2つのカテゴリーのうちの一つに分類されることがわかりました。ここではこのような要素を「増幅要素」と表現し、混乱・途絶事象の発生確率を増やすサプライチェーンの性質と定義します。混乱・途絶のすべての増幅要素は、次の2つのカテゴリーに分類しました。カテゴリー①は企業がグローバルな供給源に依存している程度であり、カテゴリー②は制約となる依

2.3 サプライチェーンリスクマネジメントのプロセス

表 2.1 グローバル調達における混乱・途絶の増幅要素

所定のサプライチェーンで次のパラメーターのいずれかが増加すると、サプライチェーンの混乱・途絶の発生確率が増える。
- サプライヤーの環境の不安定性
- ブローカーの数
- リードタイムの長さ
- 特定サプライヤーへの集中
- 適切な労働力の不足
- 労働力の不安定性
- 通関規制の程度
- 保管に必要とされる特殊性のレベル
- セキュリティが必要とされるレベル
- 製品への需要のレベル（量と変動）
- 輸入・輸出に必要な法的手続きのレベル
- 不十分なコミュニケーション
- 地域・国家の政治的不安定性のレベル
- 受渡し箇所の数
- 船舶積載容量の不足と海路の過負荷
- 港湾インフラへの負荷
- テロの可能性
- 自然災害のレベル
- すべてのシステムまたはサプライチェーンの可視性の欠如

表 2.2 制約となる依存関係

所定のサプライチェーンで次のパラメーターのいずれかが増加すると、サプライチェーンの混乱・途絶の発生確率が増える。
- 独占的技術の使用
- 供給源の数に対する制限
- 品質に要求される厳格さのレベル
- サプライヤーの生産能力と柔軟性の不足
- 供給部品の独自性のレベル

存関係の数です。

(a) グローバル調達

中国、インド、東欧、マレーシアのような低コスト国からの供給は急成長しています。ゼネラル・モーターズ社、ジェネラル・エレクトリック社(General Electric、米、電機)、ゴールドマン・サックス社(Goldman Sachs、米、投資銀行)、ホームデポ社(Home Depot、米、住宅リフォーム小売)のほかにエイボン社(Avon、米、化粧品)のような企業でさえ、実行リストのトップに中国での事業拡大計画とグローバル調達計画があります。グローバル調達は、コストを削減できるという予測にもとづいて決定されることが多いのですが、これらのグローバル調達の経路が開発されるときに生じる潜在的なリスクの増大は見落されがちです。リスクを考慮すべき主要なノードには、潜在的に"ドミノ"効果を促進し得る、サプライヤーの工場、輸送、通関規制、港湾作業、その他の多数の受渡しが含まれます。これらのノード数の増加にともない、通常は混乱・途絶事象の発生確率も増加します。グローバル調達に関連するその他の増幅要素が表 2.1 に示されています。例えば、グローバル調達においては、同一言語を使う近隣のサプライヤーと働く場合とは対照的に、言語の相違や時差などにより対応が遅れます。もう一つの問題は、これらの場所から国内に輸入する積荷を得るために必要なリードタイムの長さが増加するために、柔軟性や途中での積荷変更が制限を受けることです(1 カ月の船舶輸送が必要な発注品が既に出発地のアジアを出発してしまっていた場合、その発注品をキャンセルするために、サプライヤーを説得するのに苦労することでしょう)。この要素が際立っている次の例を考えてみてください。

- 中国から製品の大部分を輸入しているある大手小売業者は、西海岸港湾ストライキによって影響を受け、重要なクリスマスシーズン中に多くの製品が在庫切れしました。失われた売上高の正確な数字はわかりませんが、「在庫切れ」によって何百万ドルも失われたものと試算されます。これは、欲しい商品が見つからずに、顧客がほかへ買いに行ったために生じた損失です。これに加えて、混乱のなかで「行方不明」になったコンテナと積荷を回収するためのコストが何百万ドルにも達しました。この場合はロサンゼルス港での作業が大きなリスクノードであり、将来の混乱・途絶の可能性を低減するために、港湾が経営上の注意を要する主

要な焦点のノードになりました。
- ある小売業者は、主要な積み地港におけるコミュニケーション不足と通関手続きのために、最も影響度の大きいタイプのサプライチェーンの混乱・途絶が海外で起こっていると述べました。しかし、これらのなかには予測可能なものもあるため、混乱・途絶への対策を立案することが可能であるとも述べていました。例えば、ヨーロッパにおける船積みと輸送のストライキは、ほとんど毎年、夏の水曜日から金曜日にかけて実施されるようです。これは労働者が週末休暇を拡大するためです。この理由から、これらの輸送ハブは「季節性の」リスクノードと見なされて、経営上の注意を要する焦点のノードになりました。

(b) 制約となる依存関係

制約となる依存関係の要素(**表 2.2**)は、ある程度グローバル調達におけるノードに近似していますが、それ以外の要素にも関係しています。**表 2.2** に示したように、複数の要因が制約となる依存関係の数を決めています。独占的な製品が単独のサプライヤーから供給されている場合には、そのサプライヤーに問題が起こると、おそらく混乱・途絶が増幅することになります。制約をもたらすその他の要素には、厳格な品質要求事項、あるいは規制を受けている品質要求事項や、生産と原材料の再調達が困難な独自性のある部品などがあります。このような要因は、複雑なサプライチェーンのなかに存在する供給者の選択肢の数を減らす方向に進めてしまい、復旧の可能性の自由度を制限します。制約となる依存関係の増加にともない「ドミノ効果」の大きさも増加します。サプライチェーンの複数のノードをとおして混乱・途絶が波及するからです。一方、企業が部品の代替供給者を確保しておけば、一種の「バックアップ計画」が既にネットワークに組み込まれていると解釈できるので、一つのノードに起こった問題を容易に復旧させることができます。次の例を考えてみてください。

- ある大手物流業者は、製品の複雑さ、厳格な品質要求事項、独自性のある部品点数の多さ、製品劣化性と厳格な保管必要条件(例えば、熱は製品に影響を及ぼす)、そして部品のサイズ(小さなものは見失う)が、問題が発生したときのマネジメントを困難にしていると述べました。この

ような供給の選択肢に制約がある特殊な製品のリスクノードを特定するための篩い分け作業においては、関連するすべてのオペレーションへの考慮が必要です。

- ある大手家電メーカーが顧客の夢を実現した対流型オーブンを開発して、この製品は飛ぶように売れましたが、やがて生産が追いつかなくなりました。大量に注文することができなくなった卸売業者は、競合メーカーがすぐに類似製品を市場に投入することを予想していました。生産が間に合わなくなった原因は、オーブングリルにめっき加工する中国のサプライヤーにあったのです！　この中国のサプライヤーは、一次サプライヤーからの外部委託先でしたが、家電メーカーが生産能力不足の原因を知るまでに数週間かかりました。ようやく部品不足の原因を突き止めたときには、このサプライヤーから三交替で働いているが、それでも十分な数のグリルを生産することはできない、と告げられました。グリルの生産が主なボトルネックとなっていたのです。このメーカーが第二のサプライヤーを見つけて認定した頃には、競合メーカーは市場に足がかりを確立していて、既に市場シェアを奪い始めていました。この場合の制約となる依存関係は、中国のサプライヤーでした。

- ある大手製薬企業は、混乱・途絶の大多数が薬の容器に同封されている説明書の複雑さに関係しているということでした。同社は世界のあらゆる国に薬を出荷しており、あらゆる場所での規制の変更に対応し続けなければなりません。包装と説明書に関する各国での政府規制要件が変更されるたびに、すべての出荷を停止して製品を廃棄しなければなりません。この場合、社内のアートワーク部門が制約となる依存関係でした。この部門には包装の変更要求の頻度に対応するだけの十分な資源がなかったからです。サプライチェーンに投入するすべての製品には、この部門による承認が必要でした。

ハリケーン・カトリーナに関連する最近の出来事は、潜在的リスクに対して篩をかけなかった結果を例示しています。発生する可能性が低くないのにもかかわらずコンティンジェンシープランが欠けていたため、対処の準備ができていない政府機関は苦労しました。ニューオリンズ市の脆弱性について、政府機

関による適切な評価・測定が過去に行われてきませんでした。メキシコ湾の石油精製工場のリスクへの暴露状況もまた、石油会社の経営層によって十分に確認されていませんでした。時間をかけて調査を行ってさえいれば、ハリケーンによってニューオリンズ市の堤防が決壊する確率が200分の1であることを政府代表者と経営層は認識できたことでしょう。

(2) 高リスクのノードに対するリスク低減メカニズムの特定

潜在的なリスク事象があるノードを、管理可能な数に絞ったリストを作成した後、企業が行うことは、これらのリスクを緩和して管理するための対策に優先順位をつけることです。混乱・途絶を引き起こす事象の発生確率を改善措置によって制御できるケースもありますが、著しい増幅要素が存在する場合には制御不可能かもしれません。したがって、事象の発生確率への取組みのみに留まらず、経営層はさまざまな方法によって、影響を緩和するように努めなければなりません。筆者らが行った企業へのインタビューをとおして確認されたさまざまなリスク緩和メカニズムは、すべて表2.3に示されています。これらのメカニズムは、複数のカテゴリーに分類することができます。まずこれらのカテゴリーを理解するために、図2.3に示されている、混乱・途絶による影響度と、それに対処するための方法を考えてみてください。図2.3は、リスク対応戦略の重要な構成要素を示しています。それは、①混乱・途絶が起こったことを検知する能力と、②効果的に混乱・途絶から立ち直るための計画を策定する能力です。サプライチェーンの大きな混乱・途絶が起こった瞬間から、混乱・途絶の発生を検知するスピードと効果的な対応を行うスピードによって、問題がいかに上手く封じ込められるかが、また、その結果として生じるコストが決まります。混乱・途絶が起こった場合の第一に重要な行動は、それが起こったことを認識することと、緩和対策を開始することです。ばかげているように聞こえるかもしれませんが、多くの企業は混乱・途絶が起こったことの認識すらできていないのです。図2.3の例Aと例Bの違いは、サプライチェーン内の問題を早く認識することによって、より迅速に緩和対策を開始できることを示唆しています。第二に重要なことは、緩和対策の有効性とスピードです。丹念に考案された行動計画がある組織は、どのように対応すべきかを認識しており、

表2.3　リスク低減メカニズム

戦略的に配置された余剰資源
- 納期管理
- 安全在庫

サプライチェーンの企画・運営と協業
- サプライヤーの認定・審査ツール
- C-TPATなどの通関プログラム
- リスク一覧表、重大性分析、コンティンジェンシープラン策定
- サプライヤーなどとの関係のマネジメントと合同運営計画
- サプライチェーンの教育とリスクマネジメントの訓練
- 例外管理を容易にするためのプロセスの管理
- パートナーの所在地での機能横断的なリスク対応計画
- 全サプライチェーンをとおした需要・供給予測の見直し
- 新たな潜在的リスクに関する毎週の遠隔会議
- サプライチェーンシステムの最適化
- リスク管理指令センター
- 規定された通信網プロトコルとメカニズム
- 毎日の進捗状況会議
- KPI(Key Performance Indicators：重要業績評価指標)を共有するための、規定された組織階層単位の会議
- すべてのノードにおける危機的事象に対する、意思決定権限を含む規定されたコンティンジェンシープランの責任
- 規定された、すなわち自動的に執行されるコンティンジェンシープラン
- 発生後のイベント分析と教訓ミーティング
- 制約となるノードを減らすための分散化計画

混乱・途絶の検知と可視化システム
- リスク監視システム
- 在庫可視化システム
- イベント管理システム(例外管理)
- 重要なノードへのRFIDの配備
- 予測的分析のモデル化ツール――切迫した混乱・途絶の早期認識
- 全サプライチェーンにおけるオペレーションを分析するための指令グループ

サプライチェーンの再設計
- ネットワークの再設計
- 製品またはプロセスの再設計

2.3 サプライチェーンリスクマネジメントのプロセス

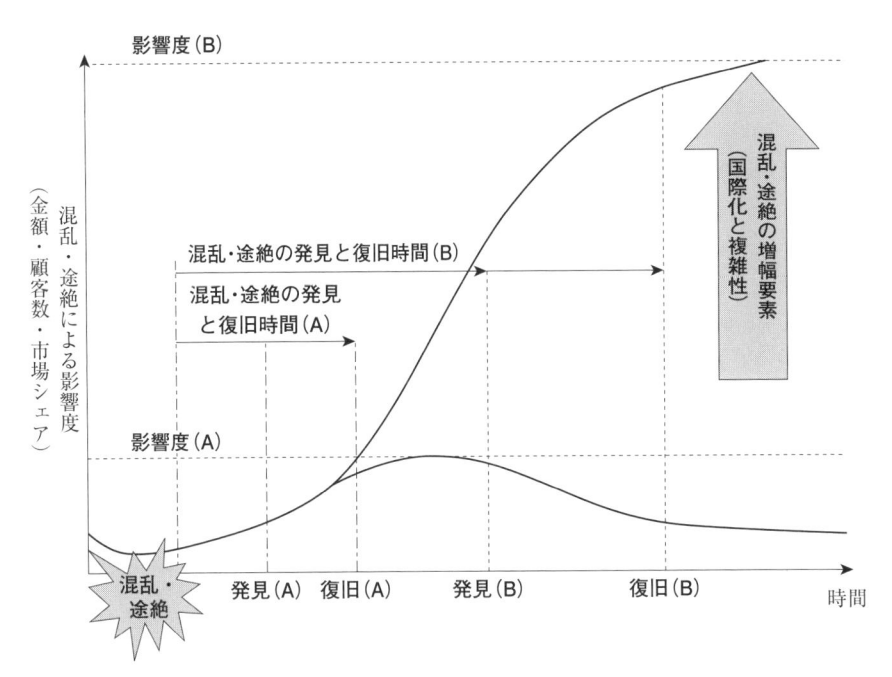

図2.3 サプライチェーンの混乱・途絶の発見と復旧

防御するための資源を備えています。第三に重要な構成要素は、サプライチェーンの複雑さを減らし、プロセスの改善をとおして、より強いサプライチェーンをつくる組織の能力です。

(3) 高リスクのノードへの対応マネジメント

「高リスク」のノードが特定されれば、経営層は最終顧客への混乱・途絶の影響を除くために、リスク緩和戦略を利用できます。リスクの緩和要素は次のとおりです。

① 余剰資源は、混乱・途絶の発見から復旧までにかかる時間を短縮します。

② サプライチェーンの企画・運営と協業は、設計されたサプライチェーンの強化を確実にし、リスク事象が再び発生する可能性を減らします。

③ 可視性の改善は、混乱・途絶の発生を発見するまでの時間を減らして、

その影響を緩和します。
　④　サプライチェーンの再設計には、多額の投資を必要とするリスク緩和のための生産プロセスの再設計が含まれます。
これらのリスク緩和要素の各々を以下に解説します。

(a)　余剰資源

　グローバルサプライチェーンをマネジメントしている企業にとって、最も簡単なリスク緩和戦略の一つは、あらゆる潜在的混乱・途絶から企業への影響を緩和するための余剰資源の確保です。潜在的な混乱・途絶の影響が大きい場合、あるいは混乱・途絶の発生確率がわかっている場合に、よくこの方法がとられます。これには次の例があります。

- 倉庫、生産場所、集配センターで保有する在庫量を増やして、部品ごとの国内流通経路における在庫量が十分かどうかを評価する(コンティンジェンシープランおよびシナリオ計画をいざというときに実行できるかどうか、といった視点で)。
- 対応に余裕をもたせるために、計画上のリードタイムを実際のリードタイムより大きく設定する。
- 平時には資源を十分に活用することにはならないが、増員またはシフトの追加を行っておくことによって、混乱・途絶が起こった場合の対応により大きな柔軟性をもたせる。
- 重要な製品やサービスを提供するために複数のサプライヤーを利用する。

　サプライチェーン全体の在庫水準は減ってきていますが、割増貨物輸送の多用と在庫量の削減との間に有意な相関があることに興味を引かれます。これは、企業が余剰資源の一つの形態である在庫を割増貨物輸送の多用に置き換えていることになり、これでは単にサプライチェーン内の異なる領域へ財源を移し替えているに過ぎません。サプライチェーンの迅速性の維持に必要な割増輸送費や他の余剰資源と、混乱・途絶に直面した場合の在庫水準を相対的に比較することは、リスクマネジメント戦略において重要な要素の一つです。インタビューに応じたある人も、総陸揚げ費用に関する現在のモデルでは、貨物の追跡(可視化)、割増貨物輸送(臨時対応として)、貨物一時仮置き場、港湾閉鎖など

にかかわるコストが表に出ていないために、グローバル調達の全体的なコストが明らかにならないと述べています。また、ある国際的な物流業者の役員は、「グローバルサプライチェーンで受渡しを行うつど、コストがかかり、混乱・途絶を引き起こす可能性が生じます」と述べて、この問題を提起しました。

(b) サプライチェーンの企画・運営と協業によるリスク緩和対策

　余剰資源の活用と可視化システムの配備は、両者ともリスクへの受動的な戦略です。つまり、これらは混乱・途絶による影響を緩和するものの、最初の混乱・途絶の発生確率の低減に取り組むものではありません。2番目の方法は、継続的なサプライチェーンの企画・運営とリスク緩和対策をとおして混乱・途絶が起こるのを防ぎ、混乱・途絶事象の発生確率を低減するものです。この防止策には、グローバルな調達経路において鍵となるプレーヤーをまず理解することと、混乱・途絶の可能性を最小化するために、そのサプライヤーに協業の必要性を認識させることがあります。いったんこれらの関係が確立されれば、パートナー同士が開かれた環境下で会うことができ、リスクの高いポイントを特定したり、潜在的な問題に対する計画を事前に立てるために協業したり、場合によっては、これらのリスクを完全に取り除いたりすることができます。グローバル調達とロジスティクスの要員は、より頑健なサプライチェーンのための基盤の構築において鍵となる役割を果たしますが、それは、グローバルな調達経路の設計に早くから適正なプレーヤー(サプライヤーなど)を入れることによって可能になります。

　調達戦略開発(原材料の供給源に対する勧誘、交渉、契約を含む)の最も初期の段階では、取引を開始するためのサプライヤー候補の選定にあたって、グローバル調達チームは次のことを行わなければなりません。

- 混乱・途絶を引き起こしそうなサプライヤー候補を特定するために、現場でのサプライヤー評価を実施して、ロジスティクスの企画・運営、二次サプライヤーのマネジメント、生産工程の信頼性に問題のあるサプライヤーを篩い分ける。
- 混乱・途絶の発生を認識するための詳細な計画を各サプライヤー候補に作成するように要求する。そして、混乱・途絶がサプライヤーの施設ま

第2章 サプライチェーンの混乱・途絶の影響を低減するためのフレームワーク

たはサプライヤー自身の供給基盤で起こった場合に発動されるコンティンジェンシープランを確認する。
- ものの流れを可視化することによって得られる最新情報を提供するように、顧客との情報共有の能力をサプライヤーに確立させる。理想としては、最新情報をネットワーク中の至る所で電子的に共有することです。しかし、中国の特定の地域の回線容量（情報処理能力）の制限から、人手による更新が毎日必要となるかもしれません。ある事例では、企業は、毎日35マイルを移動する労働者が情報の共有メカニズムに関係していることを発見しました。生産に関する最新情報を共有するためにファクスを用いることができる場所へ行き来するためです。
- 混乱・途絶と問題解決のために予想される費用を、サプライヤーからの総調達コストに織り込み、サプライヤー選定に関する最終決定を行うチームにこの費用を示す。

あるグローバルな大手コンピューターメーカーの経営層は、次のようにインタビューに答えました。

「サプライヤーとの新たな取引を始めるためには、当社から生産工学関係のチームを送り出しますが、このチームは、製品技術者、サプライヤー品質技術者、サプライヤーとの関係を総括する購買／ロジスティクス担当者から編成されます。このプロセスにはサプライヤーからのマネジメントチームの参画も必要で、当社のチームと同数の専門家と企画担当から構成されます。サプライヤーからのフィールドアプリケーション技術者[*9]が当社の施設に常駐していますが、彼ら自身がサプライヤーへのフィードバック作用（機能）を担っており、品質プロセスと故障解析に対処しています。当社はサプライヤーとの間でリアルタイムなインターネットデータシステム（協働的で双方向の情報データベース）を活用しています。このデータベースによって、何が起こっているのか、原材料がいつ届くのか、品質、使用原材料の歩留まりといった情報を共有しています。サプライヤーとの日別、週別、四半期別の実績のレビューについても実施しています」

2.3 サプライチェーンリスクマネジメントのプロセス

　あるサプライヤーが調達チームによって選ばれた後は、サプライヤーや流通経路中の輸送業者、倉庫業者との継続的な対話の機会が必要ですが、この対話では次の内容を話し合うべきです。

- 日々の活動を混乱・途絶させる可能性のある現在の問題点と、それを減らすための戦術を見出すために、重要なパートナーとの毎週の遠隔地会議を開催する。
- 新たなC-TPAT(テロ行為防止のための税関産業界提携プログラム)、CSI(コンテナセキュリティイニシアチブ)[10]などに合致するセキュリティ強化を促進する。
- 主要な混乱・途絶事象の発生後に、そこから学習し類似の事象の再発を防止するために、根本原因の特定と故障モード影響解析(FMEA)[11]による報告を可能にする。
- 意思決定能力を向上させるための教育・訓練を行い、混乱・途絶が起こった際の管理計画とプロセスをマネージャーと関係者に身につけさせる。

　サプライヤーなどとこの種の相互作業を行うには、ざっくばらんで良好な関係を維持することが欠かせません。したがって、この重要な関係をマネジメントするための人的資源への投資が必要です。関係者の訓練も必要となり、訓練された人を、サプライヤーからの報告システム、新しいプロセス、場合によっては新しいシステムへ投入します。このことによって、混乱・途絶の特定とその防止のための継続的な対話とコミュニケーションが容易になります。

(c) 混乱・途絶へのより迅速な対応を確実にするための可視化システムの配備

　より高いレベルの投資をともなう3番目のアプローチは、混乱・途絶の発生を迅速に確認するための可視化システムの配備です。早期発見によって、混乱・途絶が顧客に悪影響を及ぼすのを防ぐための対応の素早さと、対策行動を起こすまでの時間の短縮が可能になります。混乱・途絶が起こった場合には、鍵になる経営層に対して問題が発生した旨の警報を早く出す方法も必要になります。前者のイベント(事象)発見システムは可視性のカテゴリーに分類され、後者の警報システムは全社的リスクマネジメント(ERM)のカテゴリーにしば

しば分類されます。イベント発見システムや警報システムはサプライチェーン内の数々のノードに広がっており、次のようにさまざまな種類があります。

- 通常の計画上のパラメーターを上回る危機的なロジスティクス事象の発見が可能な、例外イベント計画システムを起動する。例外的な事象が発見されると、ポケベル、電話、電子メールなどのコミュニケーション手段によって警告が経営層に送られます。この警告により、混乱・途絶の影響を緩和するための可能な限り迅速な管理行動を開始することができます。この分野には、物流の混乱・途絶に対する積極的な操作を可能にするための、サプライチェーン情報の収集と供給源のモニタリングがあります。例えば、ある大手製薬企業は、リスクの大きい流通経路を通り抜ける出荷と入荷時間を追跡する輸送イベント管理システムを配備しています。リスクの高い流通経路における平均的な"計画上"のリードタイムを超えるような（すなわち、出荷が遅れてシステムの予測に反し到着しない）場合には、始動通知がユーザーに送られます。

- 流通経路中のコンテナを追跡するために、重要なノードにおいてRFID試験を先導する。例えば、ある企業は、コンテナの喪失が日常茶飯事になっている主な港湾において、いつコンテナが盗難に遭うか、つまり、いつなくなるかを探るためにコンテナ内にRFIDを設置して試験を行っています。

- 需要、在庫、能力レベルを追跡するために、港湾と船積み場所を含むサプライチェーンの重要なノードに在庫可視化システムを配備する。

- 潜在的問題を見つけるために、サプライチェーンの主要ノードに、インテリジェント・リサーチ・エージェント[*12]と動的リスク指標を取り入れた、予測的分析システムを採用する。

- 混乱・途絶の発見後の対応として、出荷スケジュールの即時変更またはコンティンジェンシープランの即時実行を可能にするために、サプライチェーンの再構成を即時に行えるようにしておく。

(d) サプライチェーンの再設計

企業は、サプライチェーンに存在しているリスクの多くが財務成績への大き

2.3 サプライチェーンリスクマネジメントのプロセス

な脅威であることを認識しているため、サプライチェーンの再設計をとおしてこれらのリスクを解決するためにかなりの資金を投資しています。例えば、筆者らがインタビューを行った多くの小売企業は、サプライチェーンの再設計の途上にあったり、使用する港湾の分散を検討していたり、実行可能な対策を検討するために輸送サービスプロバイダーや、運送会社、顧客との取組みを進めていました。これらの特定テーマのための作業部会は、通関手続地の地図をつくり、弱点を特定し、リスクの極めて高い領域を優先づけし、そして、これらの経路を通る貨物輸送量を最小化するための経路の再構成方法を特定していました。グローバル調達の必要性を最小化するための部品や製品の再設計、従来のチャンネルをとおして容易に調達できる業界標準部品への変更も行われる可能性があります。これらの戦略の例は次のようなものです。

- サプライチェーン事象のモデル化およびシナリオを計画することによって、サプライチェーン全体でのダメージコントロールプランを策定する。ある大手小売業者は西海岸港湾ストの発生を予想して、中国から輸送が停止した場合の潜在的な影響を評価するための作業に着手しました。シミュレーションが行われましたが、ボトルネックは上海港へ広がり、驚いたことに揚子江に至るまで遡ると予測されました（この予測は後に真実であることがわかりました）。これらの影響を緩和するために、同社は上海に製品在庫を積み上げ、香港と東海岸の港湾を結ぶ代替ルートを調査しました。そしてストライキによる影響を回避したのです。
- 混乱・途絶を回避するために製品の再設計を行う。ある大手エレクトロニクスメーカーは、中国でゼロから調達する必要性を最小化するために、その製品であるチップセットを再設計することを決心しました。そして、潜在的な混乱・途絶を避けるために、非常に複雑な工程をもつ部品の生産の一部を米国内で維持することを開始しました。

(e)　4つのリスク緩和要素の適用

インタビューを行った企業のうち、製品または工程が高度に複雑で主に国内で生産している企業は、混乱・途絶を防ぎ復旧に要する時間を減らすために、余剰資源をより多く使用する傾向にありました。これは、複雑なシステムにお

ける混乱・途絶の影響を防ぐための典型的なアプローチです。混乱・途絶をマネジメントするための効果的なシステムを作成するためのツールの一つは、混乱・途絶イベント報告システムです。このシステムを運用することによって、潜在的な混乱・途絶の影響を緩和するために、サプライチェーン内で余剰資源を配備する必要がある、重要かつリスクの高いノードを特定できます。例えば、ある大手自動車企業は中国から供給される40日分以上の部品在庫を北米にもち、混乱・途絶が起こった場合に同社の組立工場が停止するのを防いでいます。逆に、グローバル調達に強く関係していて、複雑ではない製品または生産工程の企業は、潜在的な混乱・途絶を特定し、サプライチェーン全体の在庫を追跡するための、可視化システムをより多く配備し始めていました。

　別のある大手製薬企業の事例では、9.11同時多発テロでサプライチェーンがひどい障害を受けたことを認識するまでに多くの時間を費やしました。同社の高価値の製品が積載され、ヨーロッパから米国へ飛行中であった7つの便は進路を変更しました。2つの便はカナダへ向かい、5つの便は英国に戻ったのです。この進路変更の情報を発見するだけでも24時間もかかり、航空機に積載されている正確な製品や航空機がどの空港に回されているかについてすら把握できませんでした。一方、海外の工場は製品の到着が遅れることを通知されないままに生産を続け、製品の荷役業者への出荷を継続したため、荷役業者のスペースはすぐに満杯になってしまいました。すぐに対策チームを結成し、この事件により発覚した作業の優先順位づけを始めました。この作業に関する日々の電話会議には、米国の需要管理担当、荷役業者、英国の流通グループが参加しました。航空機で運ばれる予定の製品の輸送は貨物船に移されましたが、それは少なくとも正しい出荷先に輸送されることを確実にする方法でした。これに加えて、カナダに回避した製品は米国へ海上輸送するためにトラックで港へ搬出されつつありましたが、このルートの変更も必要でした。

　事件後、同社のロジスティクスチームは災害管理のためのしっかりしたプロセスがないことを認識しました。サプライチェーンのすべての関係者がお互いにコミュニケーションをとり、同じ情報を共有し、個別ではなく共同で意思決定を行えば、マネジメント上の決定が劇的に効果的になり、容易になることにも気づきました。ある役員は、「物理的な流れと製品の移動は手品のように行

2.3 サプライチェーンリスクマネジメントのプロセス

われるのではありません。以前は輸送領域が見えないことによって成功していましたが、見えないことは大きな問題でもありました。実際に、9.11 同時多発テロは、効果的なサプライチェーンの企画・運用が重要であるといった認識を広くもたらしました。そして、自社には、災害の場合に航空便積荷を海上便へ移すための手順がないことを理解しました。この手順がなかったことから、そうするために政府と折衝したり、問題解決のための新しい試みを行わざるを得なかったのです」と述べました。この事件は、同社にとって、国際的な輸送におけるイベント管理システムへの投資の必要性を説く確固たる事例となりました。そして、このシステムの導入によって、混乱・途絶に対するより広い可視性が提供され、関係者全員が同じ情報を見て、状況とその最新情報に関する定期的なコミュニケーションをとることが可能になりました。しかし、場合によっては、特に海外の離れた場所では電子可視化システムは利用できない可能性があります。ある大手物流業者は、情報交換のための複雑なシステムを開発しました。最初に情報がトランシーバーによって送られ、その後、地元のオフィスで文書化されます。この情報は仲介業者にファックスで送られ、仲介業者が大手物流業者の主要な物流管理システムに情報を入力するのです。

　国際的に展開する複雑なサプライチェーンをもつ企業で最も広く使用されているアプローチは、企画・運営、協業、サプライチェーン内のパートナーの訓練の強化です。協業の重要性は、ある大手小売業者の事例において最も明確に確認できました。西海岸港湾ストの前に、ロサンゼルス港湾組合によるストライキが起こりそうだという差し迫った前兆がありました。このリスクをマネジメントするために、同社が結成した物流プロジェクトチームは、この問題を業界団体とともに調べるうえで活発にその役割を果たしました。彼らは何が起こっているのかを確認するために鍵になるメンバー間で定期的に電話によるやりとりをして、議論されている労働契約と就業規則を調べ、ILWU（International Longshore and Warehouse Union：国際港湾倉庫労働組合）は何を求めているのか、そして、どのような理由でそれを求めているのかを探りました。また主要な海洋貨物輸送業者6社の上級管理者との強固なコミュニケーション網を確立しました。海洋貨物輸送業者に対してチームが行ったことは、「御社のコンティンジェンシープランは何ですか？」「御社にはストライキの状況に関して

第 2 章　サプライチェーンの混乱・途絶の影響を低減するためのフレームワーク

どのような情報がありますか？」といった質問をして、対応上の複数のパターンを探すことでした。毎週の定期的な電話により、この企業はこの出来事に関連する問題点と潜在的リスクを理解することができました。

　状況を理解することは第一歩に過ぎませんでした。チームは、次に最悪のシナリオに備えた立案を行い、次の事項を盛り込んだコンティンジェンシープランを策定しました。

- シャシー（コンテナを載せるトラック、鉄道用の台車）を賃借して、コンテナの近くに置いておくこと（ストライキが起これば、同社のコンテナが他のコンテナの山に埋もれてしまうため）。シャシーがあれば、他のコンテナを脇に寄せることによって同社のコンテナを取り出すことが容易になります。
- ドライバーがボトルネックになることが予測されるため、代替ドライバーを確保しておくこと。チームは、トラックドライバーへの需要が高まる結果として、製品を搬送するための積載量当たりの割増金をドライバーへ支払う必要性も認識しました。
- 港湾のさらなる分散化。海洋貨物輸送業者との議論をとおしてチームは使用可能な代替港湾を見つけました。このケースでは、タコマ港湾局に連絡して首脳部との会議を行いました。チームは事前に（ストライキが起こる前に）存在感を示す必要があることを認識し、臨時の処置としてタコマ港を使って少量の荷を動かし始めました。
- チームはまた、サプライチェーンの視野を広げて戦略を拡大し、ストライキによって影響を受ける船舶が利用できるかどうかを検討に含めることにしました。状況を評価するためにチームは上海へ飛びました。そして、製品の一部を香港へ艀（はしけ）で運ぶことができ、その結果、ストライキでボトルネックになっている上海港からの代替ルートを確保することができました。
- 最後に、チームは緊急輸送（十分な海上輸送能力がありませんでした）を行うために、他の小売業者と共同でチャーター船を計画しました（実際に今日では、海上輸送能力への割増が大きくなり料金が急上昇しています）。

2.3 サプライチェーンリスクマネジメントのプロセス

　インタビューによって、大きな混乱・途絶事象が発生しそうになった後に、サプライチェーンの大幅な再設計の実施に投資する企業の意欲が増大することが明らかになりました。経営層は、いったん混乱・途絶から立ち直り、その事象から学んだ後に、問題が再発する確率を減らすために、さらにはそれを消滅させるために、サプライチェーンの再設計に踏み込みます。これには、サプライチェーンシステムを動的にマネジメントするためのツールの開発と、サプライチェーンの再設計もしくは再最適化が含まれます。このツールはグローバルな企業活動領域をカバーしており、即時またはほぼ即時に代替輸送ルート、方法などの解決案を提供できるものでなくてはなりません。現在使用されているネットワークの最適化モデルは、ほとんどの場合はその瞬間の業務・経済環境に対して最適の解決を提供するものであることに注意しなければなりません。必要なのは、サプライチェーンの変化を追うことができて、さまざまな業務・経済環境の下で作動するツールなのです。

■サプライチェーンの混乱・途絶におけるマネジメント上の問題

　企業がサプライチェーンの混乱・途絶を管理する際に考慮しなければならない相互関係のある3つの重要な特質が、本研究から明らかになりました。リスクマネジメントの初期段階にある企業は、サプライチェーンリスクをマネジメントするためのシステムの評価に着手して、開発しなければなりません。

① 　ものの流れだけではなく、情報の流れ、在庫水準、決定基準、メカニズム、トリガー(きっかけ)へも焦点を当てて、グローバル調達業務の重要なノードのための概括的なサプライチェーンマップを策定してください。

② 　ネットワーク内の各主要ノードにおける事象発生の可能性を特定するリスト(リスク事象ノードリスト)と、リスク事象が起こった場合に影響を受ける収益予想を策定してください。この予測では、リスク事象による影響を楽観的に考えるのではなく、発生した場合にはネットワークが完全に停止する可能性も想定して対処するよう努めてください。

③ 　サプライヤーまたは物流業者に徹底的にインタビューして、ノードごとのリスクを列挙し、そのリスクを発見するための計画を策定してくだ

さい。そして、この作業をとおしてサプライチェーンに影響を及ぼす外部要因をより詳しく理解してください。サプライチェーンリスクに関する知識の土台をつくって、重要な問題に関してはネットワーク内でタイムリーに相談できる専門家を特定してください。

④　サプライチェーン全体をとおして、どこに、どれだけの在庫があるのかを見抜く能力を追加・確定し、サプライチェーンが混乱・途絶している期間にすばやくアクセスして、在庫を動かす方法を確立してください。

⑤　混乱・途絶を引き起こしたり、増幅する要素を記述した詳細なレポートを策定してください。これらの要素を作成するために役立つリストは、既に本章で紹介しています。これに加えて、混乱・途絶の発生に寄与している要因を特定するために過去の大きな混乱・途絶の「検死（事後検討）」を行ってください。これによって、既存のサプライチェーンの設計上の弱点や、サプライチェーンリスクへの暴露状況を悪化させている、製品の調達上の決定を下すことが容易になります。

⑥　試作製品のコンティンジェンシープランのリスク緩和効果を評価してください。そして、リスク緩和対策の実行を決定する際に、鍵となる基準を特定してください。例えば、可視化システムやサプライチェーンにおける協業などの構想の配備スケジュールにもとづいて、長期にわたる発生確率低減計画を策定してください。

⑦　各々の投資についてリスクとリターンを評価してください。余剰在庫のような「手っ取り早い解決策」を使うことと比較して、可視化システムやサプライチェーンにおける協業のような構想を開始することの潜在的なコストはどれぐらいですか？　手っ取り早い解決策は差し迫った問題を解決するかもしれませんが、ネットワークに存在するすべてのリスクを緩和するわけではないことに留意してください。このような構想がたしかに企業の将来の技術ロードマップに沿ったものであるように、社内の製品設計部門とマーケティング部門に相談してください。

本章で議論したように、確固たる SCRM プログラムの基礎には、混乱・途絶が起こり得る場所についてのより深い知識と、いつ、どのように対応するか

を学ぶ訓練が含まれます。潜在的な混乱・途絶に関する認識とそれへの対応能力のレベルを高めることは、国際的なオペレーションにおいて混乱・途絶からの大きな影響を防ぐために企業がとることができる、単独では最も効果の高い防止措置です。サプライチェーンリスクの性質をよりよく理解することによって、企業は不可避の事態に備えるべき方法に関する率直な議論に担当管理チームを引き込むことができます。

参考文献

1) Gavinato, J. L.(2004). An analysis of supply risk assessment technique. *International Journey of Physical Distribution and Logistics Management*, 34(5), 383-387.
2) Eisenhardt, K.(1989). Building theories from case study research. *Academy of Management Review*, 14(4), 532-550.
3) Green, M.(2004). Loss/Risk Management Notes：Survey：Executives Rank Fire, Disruptions Top Threats. *Best's Review*, September 1, 2004. A. M. Best Company, Oldwick, NJ.
4) Handfield, R. and Nichols, E.(2002). *Supply Chain Redesign*, Prentice Hall, Upper Saddle River, NJ.
5) Hendricks, K. and Singhal, V.(2003). The effect of supply chain glitches on shareholder wealth. *Journal of Operations Management*, 21, 501-522.
6) Hendricks, K. and Singhal, V.(2005). An empirical analysis of the effect of supply chain disruptions on long run stock price performance and equity risk of the firm. *Production and Operations Management*, 14(1), 35-52.
7) Miles, M. and Huberman, M.(1994). *Qualitative Data Analysis*. Sage Publications, Thousand Oaks, CA.
8) Mitroff, I. and Alpasan, M.(2003). Preparing for evil, *Harvard Business Review*, April, pp. 109-115.
9) Radjou, N.(2002). *Adapting to Supply Network Change*, Forrester Research Tech Strategy Report, Forrester Research, Cambridge, MA.
10) Yin, R.(1994). *Case Study Research : Design and Methods*. Sage Publications, Newbury Park, CA.

第2章 サプライチェーンの混乱・途絶の影響を低減するためのフレームワーク

第2章訳注

*1　総合リスクマネジメントの考え方を企業及び企業グループすべてに適用させる考え方。事故や災害のみならず設備投資や企業買収など企業の業務すべてを対象とするもの。エンタープライズワイドリスクマネジメントという言い方をすることもある。(参考：東京海上リスクコンサルティング株式会社、『図解入門ビジネス最新リスクマネジメントがよ～くわかる本』、秀和システム、2004年)

*2　何らかの事件や事故が発生した場合にその企業の特定された重要な業務が中断しないこと、または万一事業活動が中断しても目標復旧時間内に重要な業務を再開させるために、日常的にさまざまな備えを行うことで、業務中断にともなう顧客取引の競合他社への流出、マーケットシェアの低下、企業評価の低下などから企業を守るための経営戦略である。(参考：TRC EYE、Vol.85、http://www.tokiorisk.co.jp/risk_info/up_file/200601064.pdf)

*3　米国にて、エンロン、ワールドコムの粉飾決算を契機に2002年に成立した法律。粉飾決算の防止のために財務諸表の正確性の保証を求めた法律。(参考：東京海上日動火災保険株式会社、「内部統制ハンドブック」、2007年5月)

*4　2005年8月末に米国南東部を襲った大型ハリケーン。被害総額は23兆円にも達するといわれている。

*5　1997年9月16日のBUSINESS WEEK ONLINE NEWS FLASHの下記記事「業務が過負荷状態にあるボーイング社の納入遅延」(抄訳)を参照。http://www.businessweek.com/bwdaily/dnflash/september/nf70916b.htm

　　9月15日に、ボーイング社は、部品の不足、サプライヤーへの過負荷、非熟練労働者の大量採用のために、国内外の航空会社10社向けの航空機12機の納入を10月まで繰り延べしなければならないと発表した。

　　ニュースによると、ボーイング社の株はほぼ1.5ポイント落ち、51.56ドルまで下がった。この他に最終納入期限に間に合わないことから顧客に損害賠償として違約金を支払わなければならない可能性がある。また、一部のアナリストによると、7機の737、4機の747と1機の757の納入遅延は、今四半期において1株当たり8～10セントの悪影響を同社に与えそうである。

　　ボーイング社が納入期限を守れなかったのは1989～90年の好況期のことで、このときは十分なスピードで747-400を量産することができなかった。この747-400の納入遅延は、ほとんどの747がカスタマイズされていたことによる複雑な生産工程の結果だった、とJSAリサーチ社(産業調査会社)のポール・H・ニスベットは述べている。

　　今回の遅延の原因は8年前とは非常に異なっている。航空会社からの注文が、ボーイング社やそのサプライヤーが予測していた時期より遥かに早く殺到した

のだ。同社がその生産工程を単純化しようとする間にも、注文は積み上がった。新しい1,400機の手持ち注文をさばくために、同社は1996年以後にその生産スピードを4回上げており、今年の内に340〜350機を納入する計画である。

　ボーイング社は、1997年の末までに1カ月当たり40機を、1998年の第2四半期までに1カ月当たり43機を生産できるように、生産能力を上げる予定である。このような急速な生産量の増加はサプライヤーを圧迫している。所要量の増加によって、アルミニウムのような素材の不足も起こった。同社は、この2年間で32,000人の新しい労働者を雇っているが、これでさえ十分ではなかった。同社は現在200〜400人の熟練機械工を探していて、最近買収したマクダネル・ダグラス社の労働力プールに手をつけることになりそうである。

　ボーイング社は、労働組合員に対してより多くの超過勤務も求めている。さらに同社は、サプライヤー支援のためにチームを派遣するとともに、納入期限の延期が行えるかどうかを調べるために、航空会社とも一緒に働いている。

＊6　海外労働時報の下記記事「西海岸港湾封鎖、タフト・ハートレー法により10日で解除」(抜粋)を参照。http://www.jil.go.jp/kaigaitopic/2002_12/americaP01.html

　海運会社からなる太平洋海事協会(PMA)は、国際港湾倉庫組合(ILWU)に属する1万500人の西海岸で働く港湾労働者が9月末に怠業していたと主張、対抗策として2002年9月29日から太平洋の29港で港湾封鎖(ロックアウト)を実施した。

　港湾封鎖により、コンテナ船が沖待ちを強いられるなど、輸出入に大きな影響が出た。港湾封鎖による経済的影響は、1日当たり5億〜10億ドルといわれる。最近の工場の多くが部品を迅速な搬送に頼って部品在庫の減少に努めているため、港湾機能が停止すれば、比較的短期間に組立工場の生産に支障が出る。

　港湾封鎖により、いくつかの日系企業が生産調整などを検討している。トヨタとGMの合弁企業NUMMI社(カリフォルニア州)が部品不足のため、10月3日(木)午前などの操業を一時停止した。トヨタ、日産は北米の各工場の時間外生産を縮小した。ソニーは、コンピューター部品の配送を空輸に切り替えることで対応している。

　港湾封鎖解除後、荷役作業が正常化するまでには時間がかかりそうである。約1週間経っても100隻を超える貨物船が荷揚げの順番を待っている。

＊7　ノードとは、節、交点、結節点を意味し、サプライチェーンにおいては、メーカーやサプライヤーの工場、倉庫、物流拠点などを指す。
＊8　生起確率が非常に小さい場合の理論分布
＊9　主に半導体業界における技術力を備えた技術営業職
＊10　9月11日の同時多発テロ事件の余波の中で米国関税庁によって開発されたイ

ニシアティブ。現在は国家安全保障省(Department of Homeland Security)の下で、税関及び国境保安局(CBP：Customs and Border Protection)が、世界の主要港でCSIを実施しているところである。CSIプログラムでは、CSI港の国の担当官と協力してハイリスク・コンテナをターゲティングするために、少数のCBP担当官が海外のCSI港に派遣されている。その目的は、テロリストに利用されることからコンテナ貨物を保護することにある。国際貿易の殆どはコンテナによって輸送されているので、コンテナ貨物は国際貿易において決定的に重要な要素となっている。

（日本機械輸出組合、http://www.jmcti.org/C-TPAT/vol.1/2003/data42/CSIQA.pdf）

*11 「設計の不完全や潜在的な欠点を見出すために構成要素の故障モードとその上位アイテムへの影響を解析する技法。」(JIS Z 8115-1981)

*12 使用者の一連の指示にもとづいて、使用者に代わって検索し報告する、人工知能的な機能(単に指示された正確な用語を検索するのではなく、例えば、類似した用語や文脈から判断してマッチする用語を検索する機能)をもつソフトウェア。

第3章

サプライチェーンリスクの特定と評価[*]

デブラ・エルキンス、デバダッタ・クルカーニ、
ジェフリー・テュー

3.1 はじめに

　金融業界においては、信用、市場、運用リスクへの対処、業績向上のための手段として、全社的リスクマネジメント(ERM)の採用が継続的に広がっていますが、他の業界では、真の意味でリスクの視点を企業全体へ導入することが遅れています。グローバル調達やジャストインタイムによるリーン生産方式[*1]が著しいコスト低減を生み出している一方で、それが国際的なリスクへの暴露を増加させている可能性があることを、企業は認識しつつあります。しかし、今日では、最小限の在庫水準と効率的な生産能力を駆使しているために、サプライチェーンの混乱・途絶に対する従来のバッファー(緩衝)を利用することができないのです。こうした新たな競争環境に対応するために、企業はグローバルリスクのマネジメントと混乱・途絶の影響を緩和する能力を強化し始めています。本章では、企業が速やかにサプライチェーンに関するリスクの特定・評価を開始し、リスク事象に対する実務レベルでの認知度や対応力を高めるための方法についての考察やコメントを述べます。

---

[*]ゼネラル・モーターズ社とオールステート・インシュアランス社のデブラ・エルキンス氏の許可を得て掲載。チェーンリンク・リサーチ社によって発表された原著を許可を得て転載

3.2 ステップ1：機能横断チームの編制

　リスクを迅速かつ完全に特定するには、企業全体から選抜した幅広い専門家からなるチームを編制しなければなりません。メンバーは、リスクマネージャー、統計アナリスト、業務リサーチアナリスト、生産技術者、購買要員、素材の専門家、サプライチェーンや流通のマネージャー、ITシステムの専門家などから選抜します。それぞれのメンバーには、所属部門を代表して、定量的・定性的なリスクデータの特定と収集を支援することが求められます。これまでほとんどの大企業において、専門知識としてのリスクマネジメントは、保険、リスクファイナンス、監査業務のようなコーポレート部門にありました。しかし、サプライチェーンリスクの実際のリスクオーナーは、オペレーション部門です。したがって、過去にサプライチェーンと生産の混乱・途絶の多くを取り扱ってきたオペレーション部門から、このテーマに関する専門家をチームに送り込まなければならない、と筆者らは考えています。これらのオペレーション部門のスペシャリストは、実務の観点からリスクを特定したり、リスク事象の大きさを説明する際に大いに役立ちます。

　チームのなかには"リスク伝道師"としてのコアチームが必要であり、このコアチームは、企業全体にリスクの認知を広めるという難問に取り組まなければなりません。このためには、リスクマネジメントとリスク緩和の成功体験を共有し、得られた教訓を文書化、伝達し、リスクマネジメントを事業プロセスの実務に組み込むために知識と経験を活用しなければなりません。また、このチームはプロセスの早い段階で、組織的障害の克服を手助けしてくれるトップマネジメントからの支持とマネジメントチャンピオン（組織を動かせる人）を得るべきであり、そのうえでリスク事象に対する実務レベルでの認知と対応面の改善を推進します。

3.3 ステップ2：リスクポートフォリオの図示化

　図3.1は、前述のようなメンバーからなるチームがブレーンストーミングを用いて得た結果の一例を、企業リスクのポートフォリオマップとして表したも

3.3 ステップ2：リスクポートフォリオの図示化

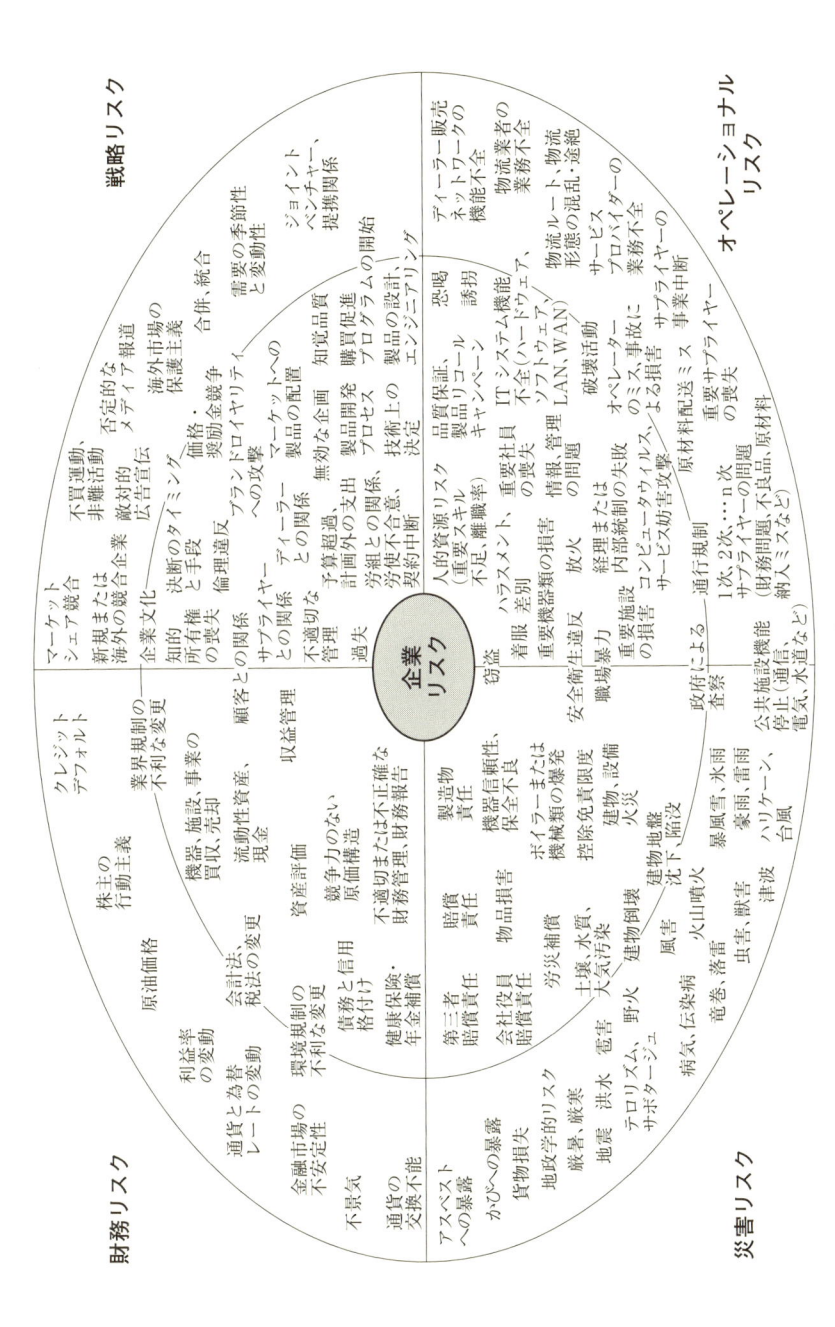

図3.1 企業リスクポートフォリオ

のです。このポートフォリオは、財務、戦略、災害、オペレーション上のリスクに及んでいますが、これらの4つのカテゴリーへの分類が選ばれている理由は、多くの大企業におけるリスクマネジメント責任の組織部門への分担、割当ての典型的な方法だからです。マップで使用されている簡潔で概括的なリスクの分類によって、経営層と中間管理職がすぐにマップの作成に取り組んだり、ポートフォリオ中の複数のリスクを特定し、分担を明らかにすることが可能になります。このポートフォリオは、生産技術者とサプライチェーンアナリストにとって、業務に影響を及ぼすリスクや、リスクが業務責任をとおして与え得る影響度を特定するための最適な出発点になります。なお、各チームで特定（洗い出し）可能なすべての潜在的リスクが、ポートフォリオに含まれなければならない点に注意すべきです。抜け漏れのない完全なポートフォリオを得るのが重要な理由は、これによって、チームが可能な限り完全にリスクを洗い出したことを上層部に明示するからです。ポートフォリオは、リスク認知を深めるための議論において重要な手段になります。なぜなら、制御、管理、緩和することが可能なリスクや、企業が影響を及ぼすことのできない外部のリスクについての、ざっくばらんな議論をチームに促すからです。

3.4 ステップ3：リスクの抽出、評価、優先順位づけ

　リスクポートフォリオが定められ合意された後のステップでは、チームは広範なポートフォリオを生産とサプライチェーンオペレーションに関連したリスクに篩い分けます。図3.2では、チームがサプライチェーンリスクとして特定する可能性のあるリスクをポートフォリオ上に太字で表しています。この篩い分け作業により、チームはリスクの責任について重要な議論ができ、明確なリスクの責任者がいないリスクがあることを認識することができ、さらに、リスクポートフォリオ全般にわたる共通の理解を築くことができます。

　サプライチェーンリスクについてのポートフォリオが決まれば、次の作業はサプライチェーンリスクのための主観的なリスクマップ、つまり「ヒートマップ（heat map）」を作成して、発生確率と損害の大きさにもとづいたリスクの分類を行います（図3.3）。チームは、多数の統計データを収集することなく主

3.4 ステップ３：リスクの抽出、評価、優先順位づけ

図3.2 サプライチェーンリスク

中心：企業リスク

戦略リスク
- マーケットシェア競争
- 新規または海外の競合企業
- 企業文化
- 知的所有権の喪失
- 決断のタイミングと手段
- 不買運動
- 非難活動
- 敵対的広告宣伝
- 否定的なメディア報道
- 海外市場の保護主義
- 価格・販売奨励金競争
- 倫理違反・ブランドイメージへの攻撃
- 合併、統合
- マーケットへの配置
- 知覚品質
- 購買促進プログラムの開始
- 製品開発プロセス
- 無効な企画
- 製品の設計、技術上の決定
- ジョイントベンチャー、提携関係
- 需要の季節性と変動

オペレーショナルリスク
- ディーラー販売ネットワークの機能不全
- 物流ルート、形態の混乱・途絶
- サービスプロバイダーの業務不全
- 誘拐
- サプライヤー事業中断
- 重要サプライヤーの喪失
- 重要材料配送ミス、原材料・不良品・原材料の問題
- 1次、2次、…n次サプライヤーの問題（財務問題、不良品、納入ミスなど）
- 通信規制
- 政府による査察
- 公共施設機能停止（通信、電気、水道など）
- 品質保証、製品リコール、キャンペーン
- ITシステム機能不全（ハードウェア、ソフトウェア、LAN、WAN）
- 破壊活動
- オペレーターのミス、事故による損害
- 経理または内部統制の失敗
- 重要施設の損害
- コンピュータウィルス
- サービス妨害攻撃
- 情報機器管理の問題
- 人的資源リスク（重要スキル不足、離職率）
- 重要社員の喪失
- ハラスメント、差別
- 着服
- 切盗
- 安全衛生違反
- 職場暴力
- 放火

災害リスク
- テロリズム、サボタージュ
- かびへの暴露
- 貨物損失
- 地政学的リスク
- 厳害、厳冬
- 地震、洪水、雷害
- 病気、伝染病
- 害虫、獣害
- 電害、落雷
- 火山噴火
- 津波
- 野火
- 土壌、水質汚染
- 建物倒壊
- 建物地盤沈下、陥没
- 製造物責任
- 機器信頼性、保全不良
- ボイラーまたは機械類の爆発
- 控除免責特約
- 火災
- 第三者賠償責任
- 会社役員賠償責任
- 労災補償
- 賠償責任
- 物品損害
- 風害
- 暴風雨、氷雨
- 豪雨、雷雨
- ハリケーン、台風

財務リスク
- 原油価格
- 利益率の変動
- 通貨と為替レートの変動
- 金融市場の不安定性
- 不景気
- 通貨の交換不能
- アスベストへの暴露
- 株主の行動主義
- 会社法、税法の変更
- 環境規制の不利な変更
- 債務と信用格付け
- 健康保険・年金補償
- 業界規制の不利な変更
- 機器、施設、買収・売却
- 流動性資産、現金
- 資産評価
- 競争力のない原価構造
- 不適切または不正確な財務管理、財務報告
- クレジット・デフォルト
- 顧客との関係
- 収益管理
- ディーラーとの関係
- サプライヤーとの関係
- 不適切な管理
- 予算超過、計画外の支出
- 労組との関係、労使不合意、契約中断
- 過失

75

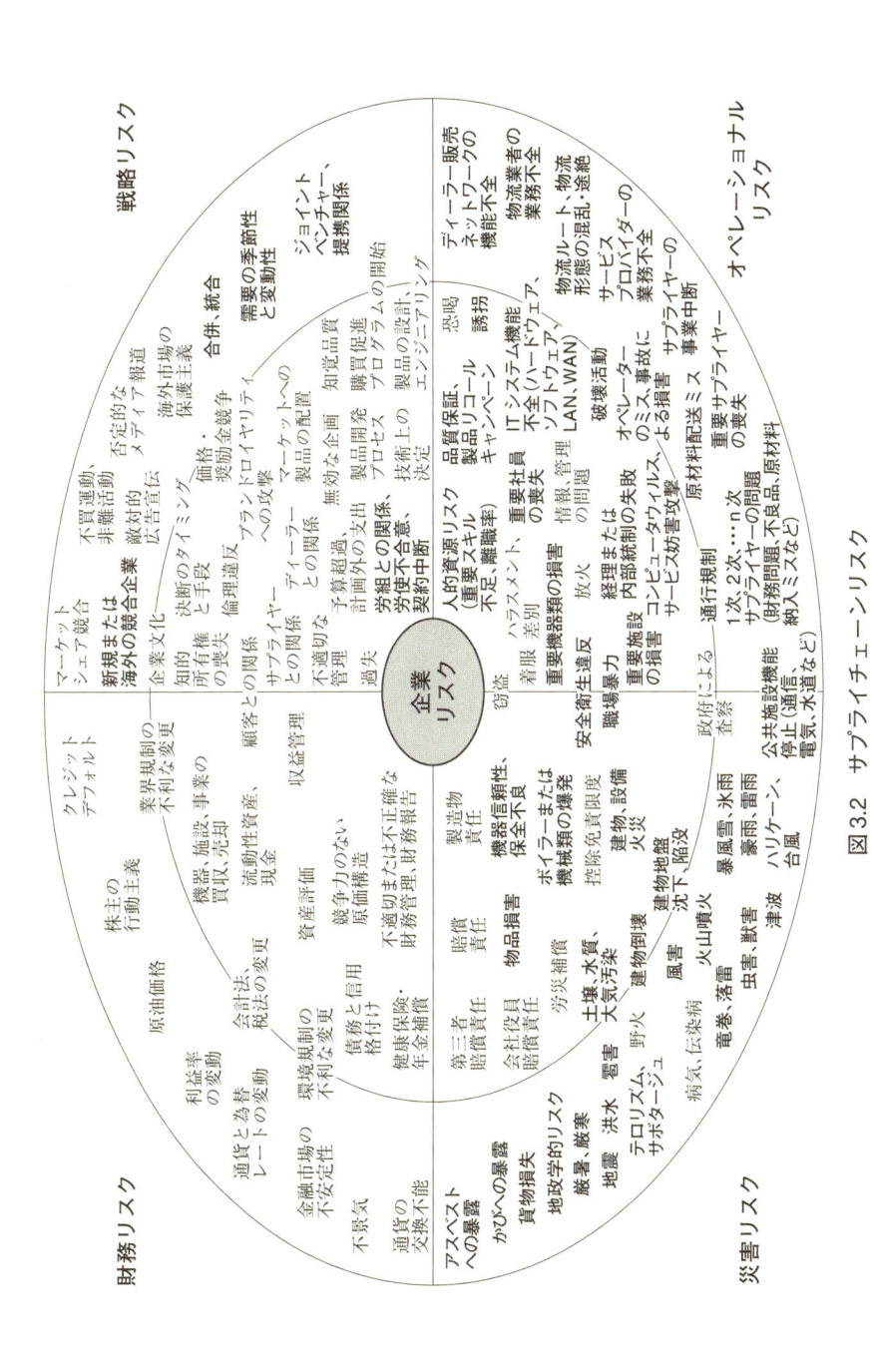

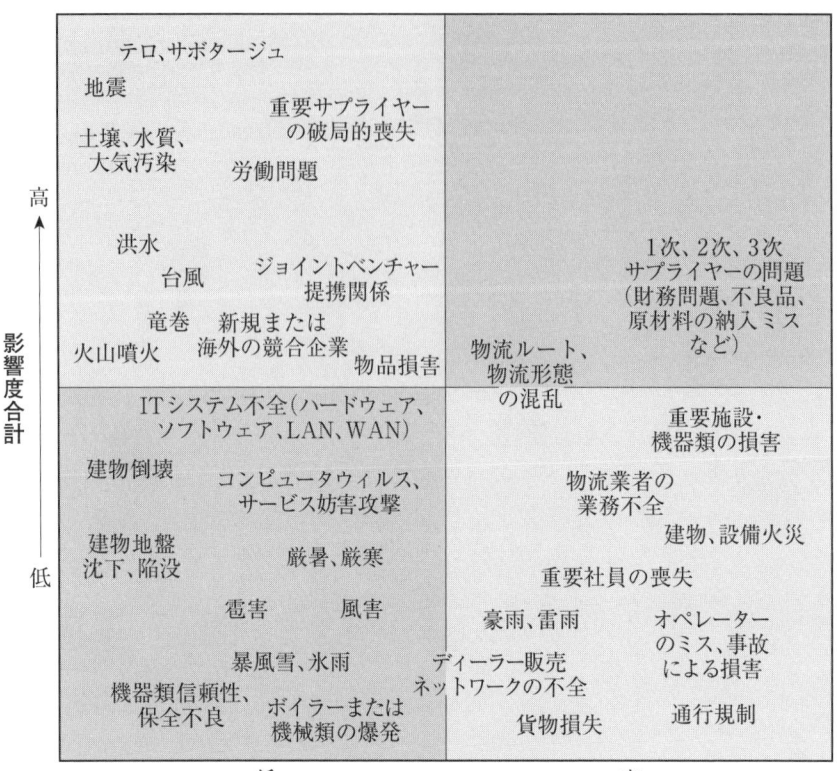

第3章 サプライチェーンリスクの特定と評価

```
影響度合計
高 ↑

  テロ、サボタージュ
  地震
  土壌、水質、        重要サプライヤー
  大気汚染           の破局的喪失
                   労働問題
                                              1次、2次、3次
  洪水                                          サプライヤーの問題
     台風    ジョイントベンチャー                  （財務問題、不良品、
            提携関係                            原材料の納入ミス
    竜巻   新規または                             など）
  火山噴火  海外の競合企業  物品損害
                          物流ルート、
                          物流形態
       ITシステム不全（ハードウェア、 の混乱
       ソフトウェア、LAN、WAN）        重要施設・
  建物倒壊                               機器類の損害
          コンピュータウイルス、
          サービス妨害攻撃          物流業者の
                                  業務不全
                                               建物、設備火災
  建物地盤
  沈下、陥没    厳暑、厳寒
低                              重要社員の喪失
          雷害    風害
                           豪雨、雷雨    オペレーター
                                          のミス、事故
         暴風雪、氷雨                      による損害
  機器類信頼性、       ディーラー販売
    保全不良  ボイラーまたは ネットワークの不全
          機械類の爆発       貨物損失    通行規制

低 ───────────── → 高
   発生確率または発生頻度
```

注）専門家の意見のみ、統計分析にもとづいていない。

図3.3 主観的リスクマップの例

観的にリスクを4つの象限に配置して、どのリスクがサプライチェーン業務に最も影響を与える可能性があるかに関する議論ができます。損害の大きさを評価するにあたっては、それを緩和するのがどの程度困難なのか、またどの程度のコストがかかるのか、といった直観的な評価も含まれなければならないことに注意すべきです。

さらに、発生確率を4つのカテゴリー（例えば、とても起こりそうもない、起こりそうもない、起こり得る、かなり起こり得る）に、損害の大きさを4つのカテゴリー（例えば、取るに足りない、小さい、深刻、壊滅的）に区分するこ

3.4 ステップ3:リスクの抽出、評価、優先順位づけ

優先順位	トップ10リスクの例
1	サプライヤーの問題(財務問題、不良品、原材料の納入ミスなど)
2	重要サプライヤーの喪失(事故・自然災害)
3	物流ルート、物流形態の混乱
4	建物、設備火災
5	重要機器類、施設の損害
6	物流業者の問題
7	ITシステム不全
8	コンピュータウィルス、サービス妨害攻撃
9	労働問題
10	テロ攻撃

図3.4　優先トップ10リスクリスト(例)

とによって、各リスクの総合的な影響の観点から、さまざまなサプライチェーンリスクの明確化と区分が容易になります。この細分化された区分は、発生確率と損害の大きさですべてのリスクの相対的な違いをチームが把握するのを助け、さらに組織指標(事業部門指標と全社的指標の双方)の視点からの優先順位リストを作成するのに有益です。

　この主観的リスクマップによって、後に続くリスクのモデル化作業や分析作業への貴重な資源(人、時間、金)の割当てが可能になります。優先順位づけされたリスクマップを策定すれば、チームは必然的にリスクの優先トップ10リストを作成することができます(**図3.4**)。優先トップ10リストを作成する作業は重要ですが、そのリストの作成に着手した後で、チームがリスクマップ上の発生確率と損害の大きさに関する評価を再吟味し、調整しなければならない場合もあります。

3.5 ステップ4：「対応可能なリスク」とビジネスプロセスへの「学習の組込み」

　マネジメント側は、チームからの提案をもとに、戦略的に働きかけたり、時間に沿って管理することが可能なサプライチェーンリスクへの対応を優先することができます。リスクのなかには、そこに存在しているのがわかっていても何もできないものがあるので、マネージャーはこれらの手の打ちようのないリスクを認識したうえで、対策を打つことが可能な他のリスクに進まなければならないのです。また、サプライチェーン業務においてリスクマネジメントを強化することは、組織文化と組織の業務の優先順位を変えることです。この組織文化などの変更によって、動的な環境に対するより良いレジリエンシー[*2]と反応性がオペレーションにもたらされますが、これは一朝一夕に達成できるわけではありません。図3.3のような主観的リスクマップは、リスクへのさまざまな緩和対策と企業全体への影響度との間に費用と便益上の背反関係があることを、多数の関係者に思い浮かべ、理解してもらうのに有益です。サプライチェーンのためのリスクマネジメントは、漸進的に（急進的ではなく）導入すべきものです。サプライチェーンは、一般的には徐々に進化するものです。より良いリスクマネジメントのためであっても、過去とのつながりを突然に遮断することは組織のモラール（士気）に多大な影響を及ぼします。マネジメント側は、対応することが可能で緊急性のあるリスクを更新するために、優先トップ10リストと主観的リスクマップの定期的な検討を行い、また、サプライチェーンリスクに対する実務上の対応の強化状況をモニタリングしなければなりません。

3.6 サプライチェーンの専門家のための最重要ポイント

① リスクを見出すための機能横断チームを活用すること
② 企業リスクを見出すときに抜け漏れがないこと
③ リスクの発生確率と損害の大きさを評価するために、過大な量のデータ収集に陥って迷走しないこと。主観的リスク評価は、リスクの順位づけを開始するための手っ取り早い方法です。

④ 鍵となるサプライチェーンリスクへ焦点を当てることを優先すること
⑤ 事業部門に権限を与え、リスク管理責任をもたせること
⑥ 対策を打つことが可能なリスクに取り組み、ビジネスプロセスの実務に学習を組み込むこと

謝　辞

　ゼネラル・モーターズ社内外の多くの関係者が、サプライチェーンリスクに関する理解度を高めるために支援してくれました。1人でも漏れが生じることを避けるために、彼らをグループと見なし、彼らの時間、協力、価値ある洞察に対してここに感謝の意を表明します。なお、本章は2002〜2003年にかけて行われた技術カンファレンスや大学での講演にもとづいています。

第3章訳注
*1　「"必要なものを必要なときに必要な量だけ生産あるいは供給する"というジャストインタイム(just in time)を実践するトヨタ生産方式あるいはかんばん方式と同義語である。」(社団法人日本経営工学会(編)、『生産管理用語辞典』、日本規格協会、2002年)
*2　「訳者まえがき」で詳しく解説したので参照されたい。

第4章
サプライチェーンリスクマネジメント能力向上のベストプラクティス*

デブラ・エルキンス、ロバート・B・ハンドフィールド、
ジェニファー・ブラックハースト、クリストファー・W・クレーグヘッド

4.1 はじめに

　サプライチェーンに携わっている経営層が対処すべき新たな優先度の高い問題は、サプライチェーンの混乱・途絶リスクに対処するために、どのようにオペレーションを強化すべきか、ということです。9.11同時多発テロ、西海岸港湾スト、イラク戦争、東欧とアジアにおける国際的な生産活動の増加といった事象を踏まえて、多くの経営層は、これらの拡張したサプライチェーンによって、過去に例がないほどに高まったレベルのリスクに企業が曝されていることを認識しつつあります。また、サプライチェーンの大きな混乱・途絶が、株主価値はもちろんのこと財務状況へも長期間影響を及ぼし得ることに、現在、多くの企業が気づきつつあります。そこで、本章では、サプライチェーンリスクマネジメント(SCRM)に対して新たに生じている要請に応えるために、オペレーションのレジリエンシー[1]とサプライチェーンの混乱・途絶への対応を強化するための、18のベストプラクティスを提示しています。このベストプラクティスは、ゼネラル・モーターズ社が後援し、ノースカロライナ州立大学サプライチェーンリソース共同研究体(SCRC)によって実施された研究プロジェクトの調査結果による発見にもとづいています。筆者らの研究チームは、さま

＊*Supply Chain Management Review* 誌に発表された原著を許可を得て転載

ざまな産業の異なる組織にインタビューを行い、大きな混乱・途絶事象発生後の影響度分析を行いました。本章では、これらのベストプラクティスを導入するための推奨手順についても論じています。

　グローバル調達へのシフトにともなって、これらの世界的な流通経路のなかに存在しているサプライチェーンリスクのレベルが高まっていることを多くの企業が認識しつつあります。価格の低さと供給市場へのアクセスの拡大といった形で、グローバル調達が多くの便益をもたらすことを可能にしている一方で、生産および顧客サービスの上級管理者は、製品やサービスの流れの混乱・途絶の可能性とその影響の大きさが増していることも認識しています。事業の業績に影響を与える他のリスクを管理しなければならないように、今や経営層はサプライチェーンリスクも管理しなければならないのです。FM グローバル社（FM Global、米、損害保険）とハリス・インタラクティブ社(Harris Interactive、米、市場調査・コンサルティング)による最近の調査では、北米とヨーロッパの世界的な1,000社の最高財務責任者、経理部長、リスクマネージャーの69パーセントが、資産に関連した危険(例えば、工場火災、爆発)とサプライチェーンの混乱・途絶を収益への主要な脅威と考えています(Green, 2004)。その他の最近の研究においても、サプライチェーンの混乱・途絶は、他の危機からの影響の大きさ同様に非常に高いコストをもたらす可能性があることが示されています(Hendricks and Singhal, 2003, Knight and Pretty, 2002)。

　SCRMにおける難問は、サプライチェーンの混乱・途絶が、工場の火災、輸送の遅れ、業務の停滞や停止、天災のような多種多様な理由によって起こり得ることです。リーン生産方式を行っている企業は、生産量のロスを補うための在庫や余剰能力をもはやもちあわせていないために、物流上のトラブルが広範囲なネットワークの混乱・途絶に急速に波及します。しかし、顧客にとって、どのような混乱・途絶が起こったかは関係ありません。顧客は、適切な時間に適切な価格で届けられる最終的な製品やサービスを期待し続けるのです。したがって、これらの混乱・途絶の直後の処理がオペレーション側の責任として降りかかることになります。

　SCRMの現状をよりよく理解するために、ゼネラル・モーターズ社はノースカロライナ州のサプライチェーンリソース共同研究体(SCRC)に対して、複

数の産業にわたる SCRM の現状を評価することと、リーン生産方式の環境下で途切れることのない国際的なものの入手を保証するために、企業が使用しているベストプラクティスを見出すことを求めました。そして、SCRC は、複数の産業における重要な上級管理者へのインタビューの実施、絞り込まれたメンバーによるグループディスカッションの主催、上級管理者との会合への参加によって、サプライチェーンの混乱・途絶のマネジメントに関する重要なテーマと、共通するベストプラクティスを見出しました。インタビューを実施したうちの何社かは、大きな混乱・途絶後の根本原因分析を行うことによって、単なる災害復旧計画や危機対応を超えた、実行可能な予防方法を見出していました。さらに、インタビューをとおして学んだ行動と教訓から、トップ企業は主要なサプライチェーンの混乱・途絶や崩壊による影響に耐えることができ、しかも最終顧客へ影響を与えることがなく、過大な修復経費がかからないような、対応が迅速でレジリエンシーのあるサプライチェーンの構築を積極的に求め続けていることも明らかになりました。これら解決策の多くは、事前の計画、投資、資源を必要としますが、変化し続けるグローバルサプライチェーンの動的な環境下においては、最もレジリエンシーがあり、反応の迅速なサプライチェーンを築いた企業が、他企業に対して持続的な競合優位性をもつことになるのです。

4.2 SCRM 能力の強化

　インタビューにもとづいて、筆者らはサプライチェーンの運営上のレジリエンシーとリスクマネジメントを強化するために、企業が検討することが可能な、18 のベストプラクティスリストを策定しました。また、固有の SCRM 能力を発揮している、もしくはその能力を所有している一般的な企業組織の機能に照合して、これらのベストプラクティスを分類しました。図 4.1 は、SCRM 能力と責任をもっている 4 つの重要な組織上の機能を表しています。図 4.1 のリスクマネジメントマトリックスでは、リスクマネジメントの責任を水平軸と垂直軸で区分していることに注意してください。水平軸は、内部の活動なのか、外部供給源とのインターフェースなのかの区分であり、垂直軸は、現在のビジネスなのか、将来のビジネスなのかを区分しています。

第4章　サプライチェーンリスクマネジメント能力向上のベストプラクティス

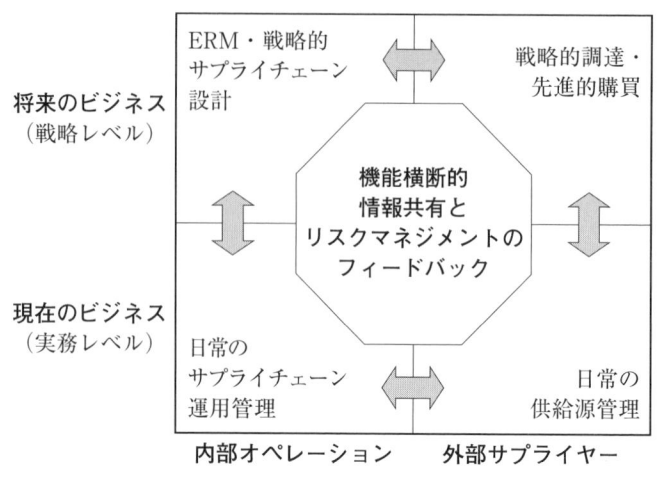

```
将来のビジネス     ┌─ERM・戦略的       戦略的調達・─┐
（戦略レベル）      サプライチェーン    先進的購買
                    設計
                         ┌─機能横断的─┐
                          情報共有と
                          リスクマネジメントの
                          フィードバック
                         └───────────┘
現在のビジネス      日常の              日常の
（実務レベル）      サプライチェーン    供給源管理
                    運用管理
                   内部オペレーション   外部サプライヤー
```

図4.1　リスクマネジメントマトリックス

　これら4つの機能上のグループは、既にリスクマネジメントのプロセスをもっていることも多いのですが、ここで筆者らは、SCRMをこれらのグループにとって必要な職務遂行能力と認識し、相互に依存しているリスクマネジメントの責任については、定期的、機能横断的、双方向の情報の共有とフィードバックを行わなければならないことを強調します。例えば、供給源管理グループが、特定の国におけるサプライヤーからの原材料途絶というリスク事象を何度も観察している場合には、将来の供給源を決定する際に、このリスク事象が明確に考慮されるように、戦略的調達・先進的購買グループへ情報をフィードバックすることができます。同様に、ERM・戦略的サプライチェーン設計グループは、例えば、物流中断のリスク回避戦略や、重要な港の混乱への最も効果的なコンティンジェンシープランなどに関する情報をサプライチェーン運用管理グループに提供することができます。さらに、2つの将来のビジネスにかかわるグループと2つの現在のビジネスにかかわるグループは、リスクマネジメントの能動的な責任を負う戦略レベルと受動的な責任を負う実務レベルの双方において、より効果的なリスクマネジメントを行うための決定と行動を調整する必要があります。

　次に、SCRMのための18のベストプラクティスを論じ、このベストプラク

ティスを、リスクマネジメント能力と責任を通常所有している4つの重要な機能上のグループに割り当てることにします。

4.3 SCRMのための18のベストプラクティス

　戦略的調達もしくは先進的購買は、主として供給市場情報の開発、調達戦略の開発、コアサプライヤーとの交渉、資材またはサービスの供給に関する契約を取り扱います。一般的に企業は、その戦略的調達プロセスに供給源のリスクマネジメントを既に含めていますが、戦略的調達プロセスを強化するために導入できる、さらなるベストプラクティスを明らかにします。

① 現行サプライヤーおよび取引の可能性があるサプライヤーを、潜在的なサプライチェーンリスクの観点から、定期的に選別してモニタリングしてください。混乱・途絶を引き起こす可能性の大きいサプライヤーや、混乱・途絶が起こった場合の影響が大きいサプライヤーを特定するには、自己評価テンプレートまたは社内で開発されたリスク評価法(品質リスク評価法、財務状況、技術開発主導力、価格競争力、所在地のリスクへの暴露状況、輸送手段、輸送経路のリスクへの暴露状況などを含む)を使用しますが、これらの情報はRFQ(Request For Quotation：見積依頼書)を評価し、サプライヤーを選定するプロセスのなかで活用します。現行サプライヤーおよびサプライヤー候補の継続的なモニタリングを行うには、サプライヤーのデータベースの維持・評価結果の追跡、経時的なリスクスコアが必要となることに注意してください。

② 重要なサプライヤーに対して、混乱・途絶の感知についての詳細な計画を作成すること、および、このサプライヤー自身の供給源ネットワークに混乱が起こった場合に発揮できるSCRM機能を確認することを要求してください。入札評価プロセスの一部としてサプライヤーの事業継続計画(BCP)をレビューしなければなりません。サプライヤー選定後の契約のプロセスの一部として、戦略的調達グループは、必要があれば選定されたサプライヤーと一緒になって、混乱・途絶感知計画やコンティンジェンシープランの改善を行います。

③　戦略的調達決定プロセスによって導き出される総コストには、混乱・途絶とオペレーション上の問題解決のための予想コストを織り込んでください。

④　タイムリーな情報と物流の可視性を電子的に共有するための対策をサプライヤーに要求してください。

　供給源管理は、既存のサプライヤーと行っている日々のコミュニケーションと、自社倉庫や使用場所へのものの輸送を扱います。変更(改善)には次の事項が含まれます。

⑤　日常業務を中断させる可能性がある現在の問題点と、これを減らすための戦術を見出すために、重要なサプライヤーと毎週遠隔会議を行ってください。上記のベストプラクティス①(サプライヤーの選別とモニタリング)の実施によって、遠隔会議の内容と戦術実行の効果を追跡する方法が定まります。

⑥　テロ行為防止のための税関産業界提携プログラム(C-TPAT)やコンテナセキュリティイニシアチブなどの新しいイニシアチブに適合するセキュリティの強化を追求してください。

⑦　国際的な物流在庫の可視性を強化するために、流通経路中にあるコンテナを追跡する技術(例えば、RFID)の試験と導入を実施してください。

⑧　事例から学習し、類似した事象の再発を防止するために、主要な混乱・途絶事象が発生した後において、根本原因分析や故障モード影響解析(FMEA)を用いて、詳細な混乱・途絶事象に関する報告書の作成と分析を行ってください。

⑨　例外基準にもとづいて通常の予想パラメーターを超えたロジスティクス上の重大な事象を発見するために、例外イベント検出システムと早期警報システムを構築してください。これによって混乱・途絶による影響を緩和するためのマネジメント行動の発動が可能になります。

⑩　物流の混乱・途絶の発生に対する即時感知と対応行動を可能にするために、サプライチェーン情報を集積し、重要な供給源の所在地をモニタリングしてください。

4.3 SCRMのための18のベストプラクティス

　日常のサプライチェーン運用管理には、サプライヤーの発送場所からのすべてのプロセスが含まれ、また、バッファーとなる倉庫、生産場所、集配センターにおける在庫が含まれます。企業内のリスクと企業外のリスクを区分するために、外部の供給源管理と内部の運用管理を意図的に切り離していることに注意してください。レジリエンシーを改善するオプションには次の事項が含まれます。

⑪　ただちに緊急時の具体的な対策を立て、緩和対策を実施できるようにするために、バッファーとなる国内流通経路の部品在庫の可視性を改善してください。

⑫　混乱・途絶リスクを緩和するための適切な在庫量(安全在庫)が確実に機能するように、バッファーとなる在庫品を危険度に応じて分類してください。

⑬　即時の意思決定能力を向上させるために重要な従業員とグループを教育・訓練してください。そして、混乱・途絶が起こった場合に、それをマネジメントするための計画と手順をマネージャーと関係者に身につけさせてください。

⑭　混乱・途絶の発見後に、状況に応じたコンティンジェンシープランを評価し実行することが可能になるように、臨時的なサプライチェーンの組換えに関する意思決定を即時に行うための支援ツールを開発してください。

　ERM・戦略的サプライチェーン設計には、サプライチェーンの再設計問題などの、混乱・途絶に関連するシステム全体に及ぶ問題が含まれます。

⑮　潜在的な問題(発生確率と発生した場合の潜在的な影響度を含む)を見出すために、サプライチェーンにおける主要ノードにインテリジェントサーチエージェントと動的リスク指標を組み込んで、予測分析システムを開発してください。

⑯　サプライチェーン事象をモデル化し、シナリオ想定ツールを使用することによって、起こりそうな混乱・途絶シナリオに対するダメージコントロールプランを策定してください。

第4章 サプライチェーンリスクマネジメント能力向上のベストプラクティス

⑰ 在庫の積増し、割増輸送費、部品の転用可能性、生産プロセスの柔軟性のような戦略間のコスト上の損得を理解するために、サプライチェーン再設計ツールとモデルを活用してください。

⑱ 港や出荷場所を含むサプライチェーン内の重要なノードにおける、需要、在庫、能力レベルに関する、日別または時間別のデータを収集するデータベースを改善して、システム全体の可視性とサプライチェーン情報を強化してください。

4.4 18のベストプラクティスの使い方

　これまで述べたベストプラクティスのいくつかは、明らかに最小の投資レベルで済み、すぐに効果をもたらすはずです。それ以外のベストプラクティスは、配備するための多額の投資(例えば、可視性システム)に対する、さらなる努力と投資対効果の裏づけを必要とします。SCRMの要素の優先順位を決定するための叩き台として、企業はベストプラクティスリストを使用することを望むかもしれません。リストのなかからベストプラクティスを選択して、戦略的に組織に組み込むためです。企業はサプライチェーンのレジリエンシーと応答性を構築するために、少なくとも明確な長期計画を作成する必要があります。それは、集中的なプロジェクトチームの人員、ビジネス情報システム、改良されたサプライチェーン・インフラストラクチャーを配備するためのロードマップを策定する一方で、最小限の投資で行える短期的対策を定めたものです。

　18のベストプラクティスの二つ目の使い方は、調査の開発に利用することです。開発した調査方法によって、SCRMの全社的な能力と責任に関する、社内の認識と業務知識の現状を測定するのです。例えば、ベストプラクティスのそれぞれについて以下のように定められた5点尺度で(表4.1)、調査参加者(企業従業員)に企業のリスクマネジメント能力の評価を依頼することができます。

　次に、調査データを分析して、さまざまなSCRM能力とベストプラクティスについて、調査参加者に把握されている強みと弱点を見出します。そして、SCRM能力に関する企業自身の内部評価の基準によって、短期的対策とより

表 4.1 企業内部の SCRM 能力についての認知度と知識の評価指標(5 点尺度)

主観的な評価	点数
SCRM 活動を行っていません。	0
SCRM 活動を行っていますが、必要なレベルをかなり下回っています。	1
SCRM 活動を行っていますが、必要なレベルを下回っています。	2
SCRM 活動を行っていますが、必要なレベルをわずかに下回っています。	3
SCRM 活動を必要なレベルで行っています。	4

長期的な対策の優先度リストを策定することができるようになります。

筆者らの知識の及ぶ範囲では、これらすべてのベストプラクティスを購買組織とサプライチェーン組織が成し遂げている企業はありません。しかし、購買とサプライチェーン業務において、より良いリスクマネジメント能力と責任を開発する必要があるといった、新たな自覚と認識が国際的企業のなかに確かに存在しているのです。

参考文献

1) Green, M. Loss/Risk Management Notes: Survey: Executives Rank Fire, Disruptions Top Threats, *Best's Review*, September 1, 2004.
2) Hendricks, K. B. and Singhal, V. R. The effect of supply chain glitches on shareholder wealth, *Journal of Operations Management*, 21, 501–522, 2003.
3) Knight, R. F. and Pretty, D. J. The impact of catastrophes on shareholder value, *The Oxford Executive Research Briefings*, February 2002, 22 pp.

第 4 章訳注
*1 「訳者まえがき」で詳しく解説したので参照されたい。

第5章

リスクの測定とマネジメント

ケビン・マコーマック

5.1 はじめに

本章では、リスク評価と管理システムの基礎を説明して、現在数社で使用されている供給リスク評価法の概要を示します。

5.2 基礎と概念

(1) リスクステークホルダーの分類

リスクマネジメントに関連するステークホルダーは、多様で不明確なこともあります。リスクマネジメントに注力すべき人は、第一のステークホルダーであり、通常は最高調達責任者、または、これに相当するサプライチェーン部長、調達部長、場合によってはCOO（最高経営執行者）です。他の第一のステークホルダーには、供給（または購買）管理グループに所属しているマネージャーと個々の購買担当者がいます。通常、彼らにはリスク評価の結果からリスク緩和対策を打ち出す責任があります。リスク評価にはサプライヤー企業の特性、行動、関係のレビューが必要なため、サプライヤー自身も第一のステークホルダーになります。

リスクマネジメント活動の第二のステークホルダーは、供給（購買）管理グループの内外の顧客です。内部の顧客は、信頼できる供給に依存している企業内

部の生産や流通(場合によっては販売も)にかかわる組織です。最終顧客もステークホルダーに含まれますが、それは注文に対して信頼できる対応と製品性能を期待しているからです。

(2) 契約企業の階層に関する留意事項

　大部分のサプライチェーンは、複数の階層(サプライチェーン内で価値を付加しているサプライヤーの位置関係)から成り立っています。これらの階層は、他の隣接する階層に対して、しばしば互いにサプライヤーでもあり顧客でもあります。理解し分析することが困難な網の目のような関係をチェーン(鎖)の内部とチェーンの間で築いていますが、このことにより、リスク評価を行うにあたって特別な課題の検討が必要となってきます。

(a) 第一階層

　第一階層のサプライヤー(一次サプライヤー)は、しばしば主要な契約相手となる事業体です。サプライヤーと、サプライヤーに供給しているサプライヤー(二次サプライヤー)の業務遂行を確実にするために、契約によって法的責任を彼らに課しています。第一階層のリスク評価を実行するときには、第一階層の契約者(一次サプライヤー)自身のリスクマネジメント能力のほかに、第二階層、第三階層のサプライヤー(二次、三次サプライヤー)との関係も調査しなければなりません。「御社は、どれくらいの頻度でサプライヤーの仕事ぶりを審査していますか？」「御社は、サプライヤーによって提示されるリスクを評価して、緩和していますか？」などといった質問を、一次サプライヤーに対して行わなければなりません。一次サプライヤーによる二次サプライヤーの管理方法(減点、加点による権限の行使)は、サプライチェーンの安定性を評価するうえで強力な判断材料になります。

(b) 第二階層

　第二階層は、副次契約者レベルと呼ばれることがありますが、第二階層自身の事業と地理的環境の調査のほかに、第一階層の契約者との関係のあり方の視点からの調査も行わなければなりません。一次サプライヤーとの関係と相互の

コミュニケーションのあり方は、サプライチェーンのリスク（または混乱・途絶の可能性）のレベルをしばしば決定します。

(c) 一般

サプライチェーン全体の強さは、その最も弱い鎖の輪の部分によって決まります。したがって、リスクマネジメントは、一次サプライヤーおよび彼らとの関係に留まらず、さらにその先に行かなければなりません。弱い鎖の輪を見つけてリスクを緩和することが、リスクマネジメントの重要な特徴です。

(3) 発生確率の評価手順

サプライチェーンの混乱・途絶事象が発生する確率を推定することは難しく、かつ、取引ネットワークの内部におけるサプライヤーと顧客によって構築されている環境に依存します。図5.1[*1]はこのネットワークを描写したものです。

リスク発生確率の分析における最初のステップは、分析対象とする「ネットワーク」の決定ですが、通常はプラスチック部品、ITサービスなどといった購買品のカテゴリーを選びます。分析対象とするネットワークが決まれば、過去のデータの収集あるいはネットワーク内の専門家からの情報集収によって、この環境における混乱・途絶が発生する可能性に関するおおよその履歴を調べることができます。一般的に、サプライヤーのネットワークを管理しなければならなかった購買品マネージャーは、過去に起こった混乱・途絶をよく知っているものです。これらの専門家は、このネットワークにおける"典型的"な混乱・途絶の事例を提供することができ、なかには大まかな発生確率を提供できるものもあります。例えば、「これは毎年起こる」とか、「3年に1回サプライヤーの倒産が発生する」というような大まかな確率を提供できるのです。典型的な混乱・途絶の例は次のとおりです。

① 関心の不一致（例えば、市場の動向や法的問題のために貴社との取引に興味を失っているサプライヤー）
② 災害（天候、戦争、地震など）
③ 労働組合のストライキ
④ 規制による操業停止

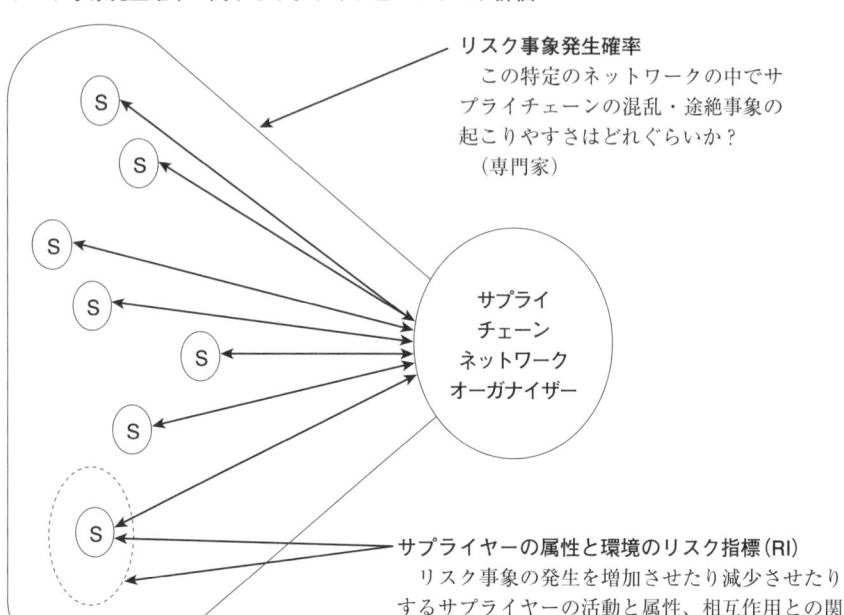

リスク事象発生確率に関するサプライチェーンリスク評価

リスク事象発生確率
この特定のネットワークの中でサプライチェーンの混乱・途絶事象の起こりやすさはどれぐらいか？
（専門家）

サプライヤーの属性と環境のリスク指標(RI)
リスク事象の発生を増加させたり減少させたりするサプライヤーの活動と属性、相互作用との関係は何か？
（調査とアナリストによるレビュー）

図5.1　供給取引ネットワークとリスクの発生確率

⑤　輸送の混乱・途絶
⑥　企業の売却

　ネットワークの混乱・途絶の基本発生確率予測を行えば、サプライヤーごとのリスク評価結果を使用することによって、特定のサプライヤーで生じる特定の事象の発生見込みを割り当てることが可能になります[*2]。例えば、貴社が所属している特定の産業分野のほかに大部分の顧客をもっているサプライヤーは、貴社とのビジネスを低い機会と見なしがちであり、貴社への供給に必要な投資（これには顧客との関係が強く影響する）を行わない傾向にあることが考えられます。これは、関心の不一致が起こる可能性を示しています。また、このサプライヤーの供給能力がすべての顧客の要求に応えられず、かつ貴社が収益性の高い顧客でなければ、収益性の最も高い顧客に焦点を絞ることで、貴社に対する供給から減らしていくかもしれません。

(4) リスクマネジメントの手順

　リスクマネジメントプログラムには、リスクの特定、リスクの定量化、リスクマネジメントの責任の割当て、リスク緩和対策といったプロセスが含まれます。リスクマネジメントは全社的に行うこともできますが、生産・販売プロセスの混乱・途絶のリスクを調査したいという企業の意向から、多くの場合は拠点ごとに行います。そのうえ、供給リスクの場合は、できれば部品またはSKU(Stock Keeping Unit)[*3]のレベルで調査しなければなりません。このレベルの詳細さが、混乱・途絶の根本の原因を効果的に診断するために必要となるからです。

(a) リスクマネジメント計画

　リスク評価には膨大な資源と経費が投入されかねないので、適切な計画を立てて効率的に行うことが重要です。そのうえ、影響度の大きなリスク(必ずしも購買金額の最も大きいサプライヤーに関するリスクとは限らない)を最初に評価することが明らかな優先事項になります。リスク評価は、サプライヤーデータ(購買金額、供給されている部品、所在地、連絡先)に大きく影響されます。通常の商品の場合は、このデータを集めるために週単位や月単位の期間がかかります。

　評価そのものは、サプライヤー、企業内部の資源、関係者を巻き込んで行われます。サプライヤーデータの整備は、スケジュールに大きく影響を及ぼす可能性があるため、リスク評価を計画するうえで鍵になる要因です。

　中堅企業(1〜30億ドル)でも1,000〜2,000社の一次原材料サプライヤーを抱えることがあるので、複数のチームによる分担でデータを整備する戦略を推奨します。このデータ整備は、およそ8週間で実行できるプロジェクトです。分担することで負担が軽くなり、その後のプログラムを進めるだけの結果が得られます。

(b) リスク評価

　企業はリスク評価を行うにあたって、サプライヤーの特性、サプライヤーとの関係、相互のコミュニケーションが記述されたフレームワークの使用によっ

て、供給の混乱・途絶リスクを特定し、定量化します。典型的なフレームワークは、次の事項から成り立っています。

① 関係性要因(影響、協力のレベル、力関係、利益の合致など)
② 過去の実績(品質、納期(時間どおりの納入)、数量不足など)
③ 人的資源要因(労働組合の組織率、従業員との関係、相場と比較した賃金レベルなど)
④ サプライチェーンの混乱・途絶の履歴(ネットワークが混乱・途絶を起こす傾向にあるかどうか)
⑤ 環境(地理的、政治的、輸送距離と輸送方法)
⑥ 災害履歴[*4](台風、地震、竜巻、洪水など)
⑦ 財務的要因(所有権、資金調達、買掛金、売掛金)

リスク評価のための一連の方法(サプライヤーに回答してもらう質問項目)は、上記のカテゴリーに適用される尺度を備えたフレームワークの下で開発し、カテゴリーごとに管理するうえでの妥当性を確認する必要があります。これらの方法と評価尺度はサプライヤー評価に使用され、その結果、各サプライヤーを巻き込む混乱・途絶のリスクを反映したスコアが得られます。

リスクプロファイルには、サプライヤー1社のリスクプロファイル、一群のサプライヤーのリスクプロファイル、サプライヤーネットワーク(ある目的のために複数階層のサプライヤーを集めたもの)のリスクプロファイルがあります。ここでいうリスクプロファイルは、前述のフレームワークと方法を適用した結果として得られたスコアになります。一般に、スコアが高いほど測定対象事業の混乱・途絶の可能性が大きくなります。

(c) リスク緩和

リスク緩和対策は、事業体(ほとんどのケースはサプライヤー)のリスクプロファイルを評価することによって見出され、リスクプロファイルの改善やリスクの影響から企業を守るためのバッファー(緩衝)の設置などのとるべき対策を処方します。図5.2と図5.3[*5]は異なった緩和対策を表しています。

5.2 基礎と概念

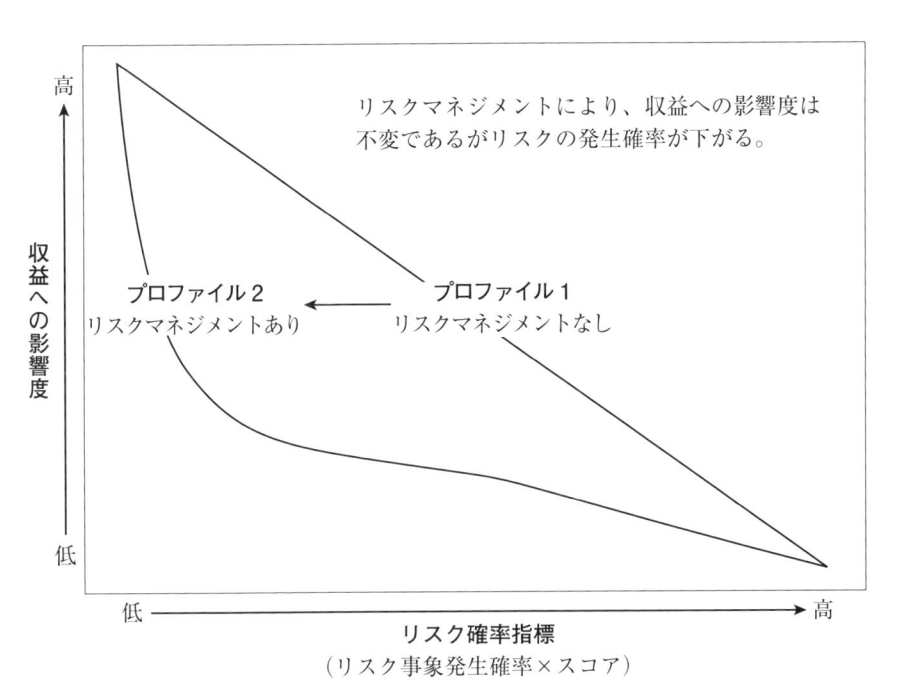

```
高
↑
収
益
へ
の
影
響
度
↓
低
        低 ――――――――――――――→ 高
              リスク確率指標
          （リスク事象発生確率×スコア）
```

グラフ内の注記:
- リスクマネジメントにより、収益への影響度は不変であるがリスクの発生確率が下がる。
- プロファイル2 リスクマネジメントあり
- プロファイル1 リスクマネジメントなし

図5.2　リスクプロファイルを改善するための対策

① リスクプロファイルを改善するための対策

　これは検討すべき最初の領域です。高リスクのスコアの原因となっているサプライヤー、位置関係、相互コミュニケーションの特性は何か？　また、これらの特性を変えるには何を行うことができるか？　例えば、輸送ルートが長いサプライヤー（中国など）は、輸送リスクスコアが高くなります。このサプライヤーが1回以上の輸送単位の途絶をカバーするのに十分な在庫量を保有することができれば、**図5.2**で示すように、この領域のリスクスコアがかなり減り、これにともないリスク確率指標も減ります。コミュニケーション上の問題のために高リスクとなるサプライヤーについては、このサプライヤーとの間のコミュニケーションプロセスを構築することによって対処が可能になります。このことによってリスクプロファイルが改善され、**図5.2**の中の左側へサプライヤーの位置が移動します。

第5章 リスクの測定とマネジメント

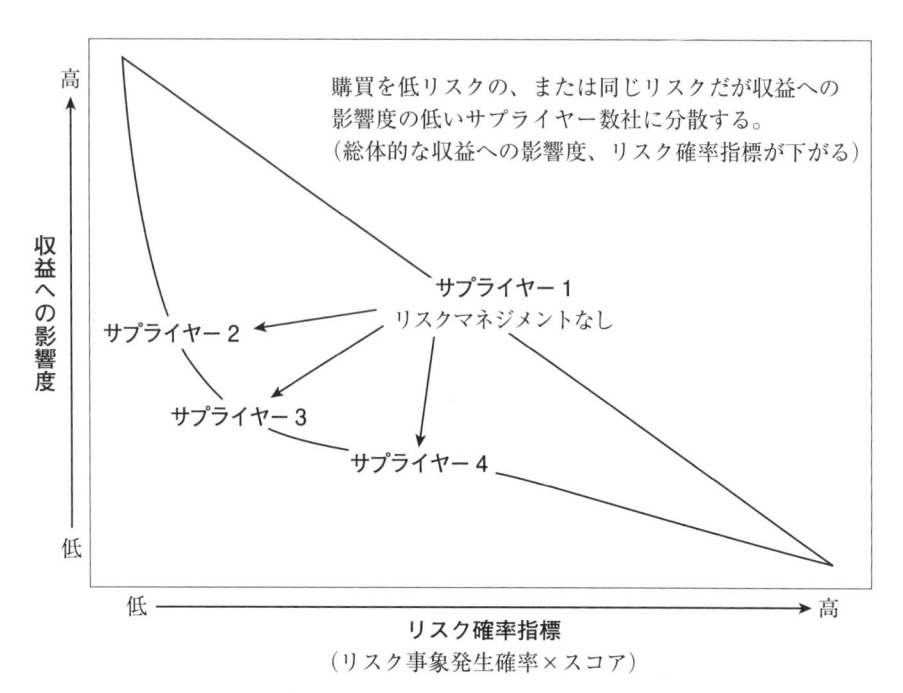

```
高 ↑
    │╲
    │ ╲   購買を低リスクの、または同じリスクだが収益への
収   │  ╲  影響度の低いサプライヤー数社に分散する。
益   │   ╲ (総体的な収益への影響度、リスク確率指標が下がる)
へ   │    ╲
の   │     ╲
影   │  サプライヤー1
響   │サプライヤー2← リスクマネジメントなし
度   │    サプライヤー3←
    │       サプライヤー4←
    │              ╲
低   │_____╲_____→
    低      リスク確率指標         高
         (リスク事象発生確率×スコア)
```

図5.3 リスクプロファイルの低いサプライヤー数社へ購買を分散

② リスクプロファイルの低いサプライヤー数社へ購買分散

図5.3は、リスクの高いサプライヤー1からの購買量の全部または一部をリスクの低いサプライヤー2〜4へシフトした効果を示しています。これによってサプライヤー1社当たりの影響度を減らすことができ、また、カテゴリー全体のリスクを減らすことができます。

一般的なリスク緩和対策は、サプライヤーのリスクプロファイルの改善、低リスクサプライヤーへの購買のシフト、企業が受ける影響へのバッファーの設置(在庫、利用可能な代替サプライヤーなど)、あるいはこれらの組合せです。企業のサプライヤーへの影響力の欠如は、リスク評価の結果に現れる要因になりがちです。ほかからの購買数量をシフトさせて鍵になるサプライヤーからの購買数量を増やせば、そのサプライヤーへの影響力を強めることができますが、これを行うにあたっては、供給源を減らすことから生じるリスクと、サプライヤーへの影響力を失うことにつながる購買の過度の分散との間のバランスをと

らなくてはなりません。

(d) リスクのモニタリング

　リスクのモニタリングは、リスクマネジメントプログラムの重要な一部を占めています。モニタリングが必要な要素のなかには、年1回のモニタリングで十分なもの(例えば、所在地のように滅多に変わらないもの)や、毎週行わなければならないもの(例えば、納入や品質実績)があります。鍵になるのは、企業とサプライヤー双方の資源の効率的な利用です。

　グローバルな事象をモニタリングすることは、より重要になってきています。災害は現地のみで報告されることが多く、また、往々にして不意に企業を襲います。貴社の一次サプライヤーへ供給している二次サプライヤーに天候や政治問題(例えば、輸入規制)によるトラブルが生じた場合には、すべてのサプライチェーンに影響を与えることになります。「あんなところにサプライヤーがあったなんて知りませんでした！」というのが、しばしば企業に見られる反応です。

　リスクのモニタリングの鍵は、サプライチェーンネットワークの評価を構築した後で、迅速な発見と対応を可能にするためにモニタリングすべき要素を特定することです。混乱・途絶が発生する前に、誰がこれをモニタリングし、どのような対応計画をつくるか、が決定すべき重要事項になります。

5.3 リスクのタイプ

　リスクマネジメントには、リスクの特定、リスクの定量化、リスクマネジメントの責任の割当て、リスク緩和対策が含まれます。

(1) 財務リスク

　起こり得る潜在的な事象を特定して、このリスク事象がその産業で起こる可能性を推定し、その影響度を推定することによって、この領域における財務リスクが決まります。例えば、特許侵害クレームが発生する可能性は、外食産業企業よりもソフトウェア企業のほうが高いと思われます。その一方で、食中毒

クレームが発生する可能性は、外食産業企業のほうが高いものと予想されます。各々の産業には、これらの問題の発生頻度と潜在的なコストに関する情報があり、大部分は公有資産として公表されています。

　リスク事象発生の可能性の幅が決まり、その影響度が定量化されれば、リスク緩和対策の策定や実行が可能になります。外食産業企業の場合は、食中毒の可能性を減らすことを促進するために、食品衛生検査と報告の頻度を増やすことが考えられます。ソフトウェア企業の場合は、クレームが起こる前に、潜在的クレームを見出すための特許検索を実行することが考えられます。そして、クレームの申立てに備えて、特許を購入したり、法的見解についての実行可能な計画を準備しておく、などといったリスク緩和対策を打っておくのです。

(2)　オペレーショナルリスク

　オペレーショナルリスクは、不適切または機能不全の内部のプロセス、人、システムから生じる、あるいは外部の事象から生じる損失のリスクと定義されます（www.riskglossary.com）。これには詐欺や窃盗が含まれます。SOX法の施行にともない、この領域は主要な焦点になりました。プロセスのリスク評価が困難な課題になる場合があります。多くの企業は、潜在的な失敗事象の特定とリスク緩和計画の作成のために「SOX監査」に着手しています。この監査は、オペレーショナルリスクの評価のための最高の総合的診断として進化していて、各々のビジネスプロセスの体系的検査と想定されるリスク事象の緩和計画の策定を含んでいます。しかし、大部分の企業は、プロセスの完全な一覧表をもっていないので、このアプローチはプロセスの一覧表を完成することと、各プロセスに関連して起こり得るリスク事象をリストアップすることから始めなければなりません。この作業の完了後に、各々のプロセスとリスク事象の緩和（または除去）策の開発のための、体系的なwhat-if分析[*6]の実施が可能になります。

(3)　ブランドと名声へのリスク

　ブランドや名声は、購入とコミュニケーションをとおした市場との長期間の相互作用によって築き上げられます。ブランド、名声の失墜も、同じように相

互作用とコミュニケーションをとおして起こります。この領域におけるリスクマネジメントプログラムの内容として、ブランドを支えている要因(品質、顧客の使用と満足度、マーケティングコミュニケーション)を特定することと、これらの要因の傾向に変化が起こっているかどうかをモニタリングすることが考えられます。

　投資と管理を行ってプログラムを継続することは、重要な緩和要因になります。すなわち、もし製品品質の測定値が、低品質の原材料の使用によって時間とともにゆっくりと低下しているのであれば、品質がブランドへのリスクになります。研究開発に定評のある企業が研究投資を減らし始めると、名声を損なうリスクが生じます。

　ブランドの低下による影響度を定量化することは困難ですが、考えられる方法の一つは、ノーブランド製品との比較で、ブランドを所有している企業が受けている価格プレミアムを決定することです。この価格プレミアムはモニタリングすることができるため、ブランド低下後の影響度の定量化も可能になります。

(4)　法務リスク

　法務リスクとは、法的措置の不確かさ、契約・法律・規制の適用や解釈の不確実性に起因するリスクです。組織体を取り巻く状況により、法務リスクは次の問題点をともなう可能性があります。

- **契約の構造**：合法的な契約には構成要素として何が必要なのか？　口頭の合意で十分なのか、あるいは法的文書が必要なのか？　どのような文書が必要とされるのか？
- **能力**：契約にもとづいた取引を始めるだけの能力が相手にあるのか？

　国境をまたがるビジネスを行っている組織体にとって、法務リスクは特別な問題になり得ます。複数の国家の法律に関する不確実性に曝されているだけではなく、個々の法的問題についてどの国家が法的権限を行使するのか、といった不確実性にも直面しているのです(www.riskglossary.com)。

(a) 雇用

雇用に関する法務リスクには、複数の形態があります。雇用契約(含意であろうが明記されていようが)は、法的強制力のある合意の一つです。従業員を複数のグループに区分して、グループごとに異なる契約を結んでいる場合には、この区分が維持できず、最も高額となる賃金体系や福利厚生などがすべての従業員に一律に適用されるリスクがあります。一時雇用契約と常勤雇用者向けの契約との間に相違があると、このような状況になりがちです。

雇用慣行(アファーマティブ・アクション[*7]、差別など)が合法的で正当化できるかどうか、といったリスクをレビューし、管理しなければなりません。企業の方針の見直しと、リスク評価およびその低減、緩和方法を出してもらうために、外部の専門家による監査がしばしば用いられています。

(b) 知的所有権

知的所有権には、特許、商標、著作権などがあります。

特許はある種の機能をもったものを保護します。特許出願の申請に先立って、アイデアに特許性があるかどうかを知るために、法律事務所(米国の場合)に特許検索を依頼する必要があります。特許を検索することによって、その発明に類似した特許があるかどうかわかります。そして、特許を申請する際に、過去の発明に照らして、まだそれが発明されていない裏づけを特許庁に説明します。

最も広く知られている特許申請は、一般の特許(Utility Patent[*8])で、この種の特許を申請することによって申請者は発明の機能を保護しようとします。典型例は、ほうきです。ほうきには、地上の埃などを人が手で行うより簡単に集める機能があります。

「商標は、その所有者が、自らの商品やサービスを、それと同じまたは類似した他の商品やサービスから見分けることを可能にする、サインまたはシンボルです。商標を登録することによって、登録者のビジネスに関して、紙やその他のあらゆる物質に印刷された商標の使用が保護されます」(World Trademark Law and Practice, Matthew Bender & Co. Inc., Ethan Horwitz, NewYork, NewYork(1998))。

著作権は、無許可で使用されることがないように、記述された資料の所有権

を保護するものです。著作権を登録申請することによって、所有者はすべての侵害者に対して、著作権法令の損害賠償(3倍の損害賠償額)を請求することが可能になります。今日申請されている著作権は、作者の死後50年間存続します。

企業秘密は、次のように定義されます。

> 「処方、パターン、情報の組合せ、プログラム、装置、方法、技術、製法を含む情報で、(a)公知になることによって、あるいはその開示または使用によって、他者が独立した経済的価値(実際に発生するか、または発生する可能性がある)を引き出せるもの、かつ、(b)一定の環境下で正当と判断される秘密維持努力の対象となっているもの」(California Civil Code section 3426.1(d))

企業秘密の事例として最も広く知られているのは、コカ・コーラ社の有名な清涼飲料コカ・コーラのレシピです。同社はレシピに関する特許を申請することなく、100年以上(1886年以降であると思いますが)秘密を保持しています。仮に秘密が漏れたとしても、自社の利益のために他の人または事業体がそのレシピを使用することを差し止めることができます。今日では、特許を申請しないで発明品を公にすれば(すなわち、製品を市場に出せば)、1年後にこの発明品に関するすべての特許権を失うことでしょう。企業秘密は、発明やアイデアを特許制度によって提供される保護期間である20年より長い期間公知せずに独占し、秘密にしておきたい場合に使用されます。

企業秘密の背後にある考え方は、秘密にかかわる必要のある従業員による秘密の暴露を防ぐための契約を作成すること、また、仮に秘密を明らかにした場合には、損害賠償を支払わせることにあります。これが正しく行われれば、企業秘密を永遠に保つことができます。

(5) 環境リスク

環境損失には、企業外部の事象(台風、自社の外部からもたらされる汚染、伝染病、竜巻など)に起因するものと、企業活動による環境への悪影響にもと

づいた法的賠償責任があります。外部の事象に由来する環境リスクは、リスクの特定、定量化、リスクマネジメント責任の割当て、リスク緩和対策といったプロセスを含むリスクマネジメントによって、その特定と管理が可能になります。リスク緩和対策には、さまざまな方法(事業拠点の保護、緊急対応計画、保険など)があります。

環境への悪影響によって賠償責任が生じる原因は、多くの場合、汚染物質の放出の事実または嫌疑、人間の健康と環境を汚染物質から保護するための法律への違反、または改善出費支払いを義務づける環境保護法の施行です(2006, Cornell University Environmental Risk Analysis Program, http://environmentalrisk.cornell.edu/ERAP/)。

賠償責任をもたらすこれらのリスクは、リスクの特定、定量化、リスクマネジメント責任の割当て、リスク緩和対策といったプロセスを含むリスクマネジメントによって、その特定とマネジメントが可能になります。これらの緩和対策としては、コンプライアンス監査、保険、施設の再配置または再設計が考えられます。対応計画を策定し、対応チームを決めておくこと自体が、損害を減らすことができる緩和対策の一つにもなります。企業は外部委託することでリスクを転嫁しようとしますが、責任は契約している事業体にまで及ぶことが多いため、この方法は成功しないことがわかっています。

(6) 技術リスク

技術リスクには、次の2つがあります。①技術が計画どおりに機能しないリスクと、②既存の技術を陳腐化する新技術が出現するリスクです。

事前設置テストと試験の実施は、計画どおりに機能しない技術のリスクマネジメントを支援することができます。一方、新たな技術が他企業から出てくるリスクについては、外部環境(特許申請、展示会、技術カンファレンス)を常時、調査することによって、既存の技術を破滅に追いやる新たな技術の出現に警告を発することができます。

5.4 使用したリスク評価システム

グローバル調達とSCMの手法を採用した企業は、メリットとデメリットの双方に直面しています。一方では、グローバル調達によって購買価格の低減と供給市場への参入が拡大しており、他方では、国際的な流通経路を用いることによって、サプライチェーンリスク(製品やサービスが混乱・途絶する可能性と、混乱・途絶による影響度の大きさ)が上昇しています。

アバディーン・リサーチによると、供給管理を担当している上級管理者の80パーセント以上は、自社が過去24カ月間に供給の混乱・途絶を経験し、これらの供給の問題が、顧客との関係、利益、市場への配送時間、売上高、企業ブランドに悪影響を与えたと報告しています。半数以上の企業が供給リスクの測定基準および評価・管理手続きを確立していないこと、および多くの購買組織が供給リスクを効果的に予測して緩和するための十分な市場情報、スキル、情報システムを欠いていることもわかりました。

この調査に対応して、SCMを専門にしているサプライチェーン・リデザイン社[*9]は、供給の混乱・途絶を作り出す推進要因をよく理解し、より積極的にリスクを緩和するためのフレームワークとプロセスを作成しました。作成したフレームワークとプロセスは、国際的なサプライチェーンに関する数年間の調査と経験にもとづいた、混乱・途絶に関する一連の記述から成り立っています。このプロセスとフレームワークは、リスクマネジメントチームと調達管理者によって使用されています。そして、タイムリーなリスクの特定、予測、マネジメントを行ううえでの支援ツールとして、あるいは注意を要するリスク要因についての警報ツールとして機能しています。

本章がカバーしている評価プロセスは、準備、データ収集、分析、報告(表示)から成り立っています。図5.4に示すこの全体的リスクマネジメントプログラムは、数社で実行されています。

本章の目的は、評価プロセス活動、ステップ、方法を説明することにあります。モデルの論理、評価方法、テンプレート、鍵となる報告(表示)も、本章に含まれています。

第5章 リスクの測定とマネジメント

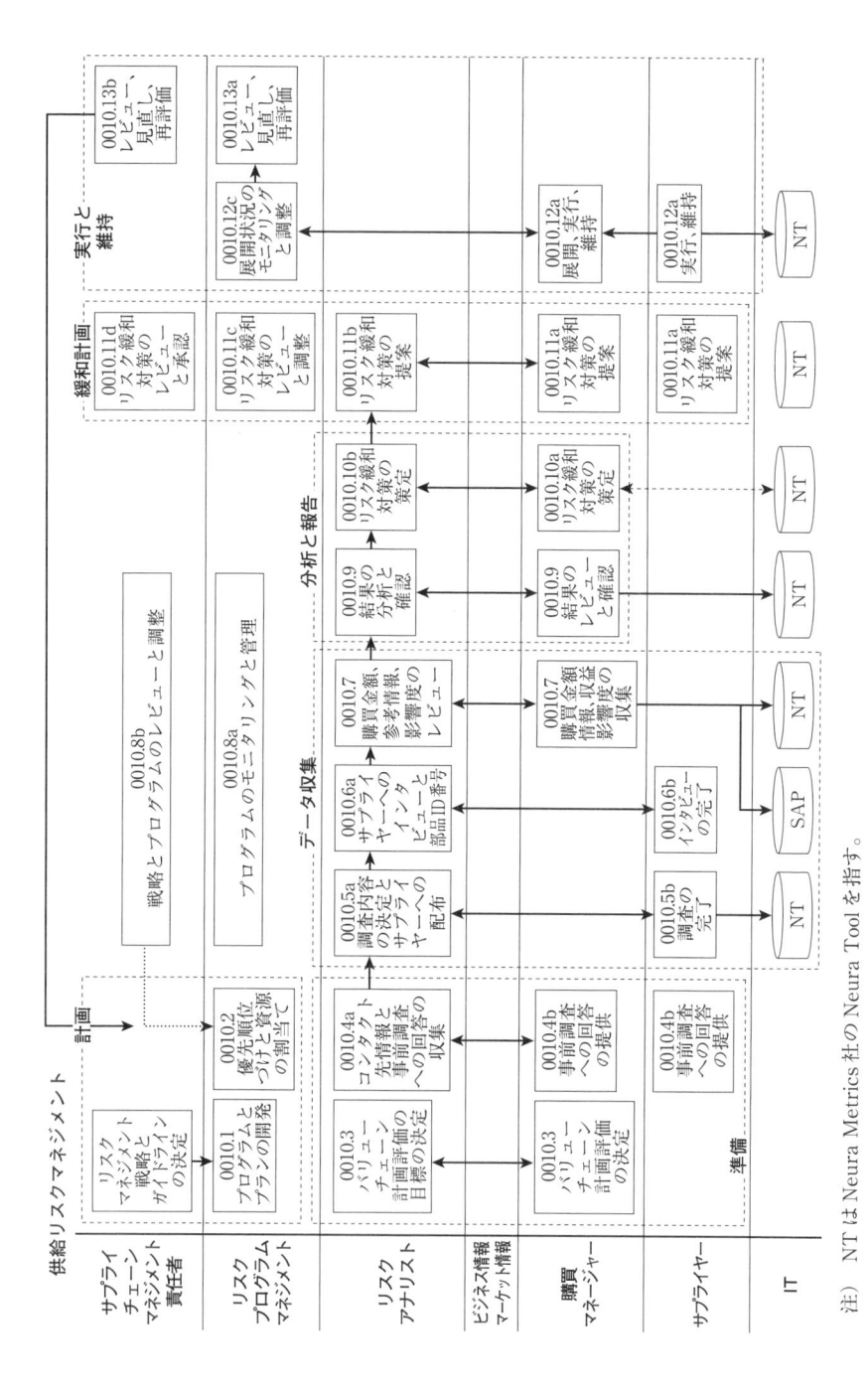

図5.4 供給リスクマネジメントプログラムの全容

注) NT は Neura Metrics 社の Neura Tool を指す。

5.5 データモデル

(1) 概要と論理

リスク評価モデルは、企業のサプライチェーンのリスクに関連した特徴を測定しますが、複数の要因(図5.5)にもとづいています。供給ネットワークのなかのリスクには、次の6つのカテゴリーがあります。

① サプライチェーンの混乱・途絶
② パフォーマンス
③ 人的資源
④ 環境リスク
⑤ 取引関係
⑥ 財務健全性

このリスク評価は非常に包括的であり、供給リスクをあらゆる角度から見る

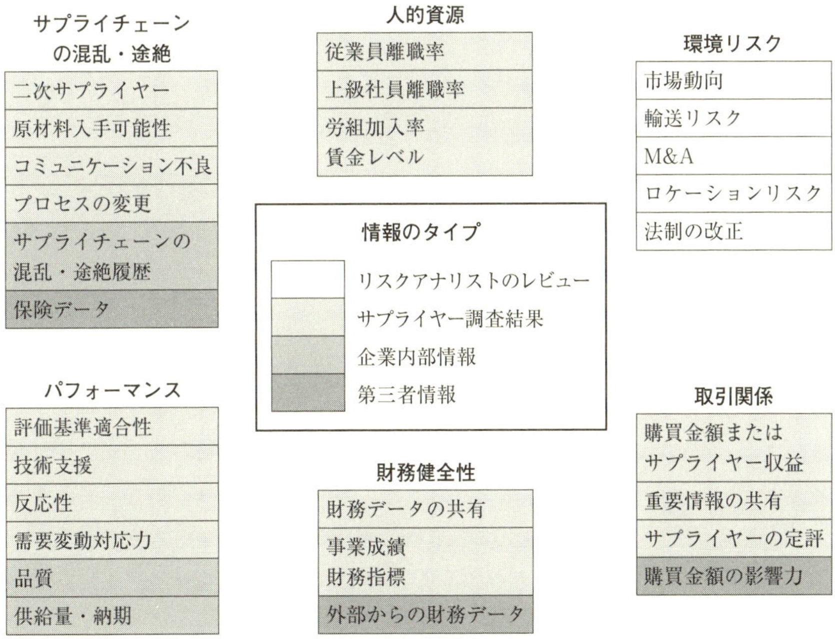

サプライチェーンの混乱・途絶
- 二次サプライヤー
- 原材料入手可能性
- コミュニケーション不良
- プロセスの変更
- サプライチェーンの混乱・途絶履歴
- 保険データ

人的資源
- 従業員離職率
- 上級社員離職率
- 労組加入率
- 賃金レベル

環境リスク
- 市場動向
- 輸送リスク
- M&A
- ロケーションリスク
- 法制の改正

情報のタイプ
- リスクアナリストのレビュー
- サプライヤー調査結果
- 企業内部情報
- 第三者情報

パフォーマンス
- 評価基準適合性
- 技術支援
- 反応性
- 需要変動対応力
- 品質
- 供給量・納期

財務健全性
- 財務データの共有
- 事業成績
- 財務指標
- 外部からの財務データ

取引関係
- 購買金額またはサプライヤー収益
- 重要情報の共有
- サプライヤーの定評
- 購買金額の影響力

図5.5 供給リスク評価情報のタイプと情報源

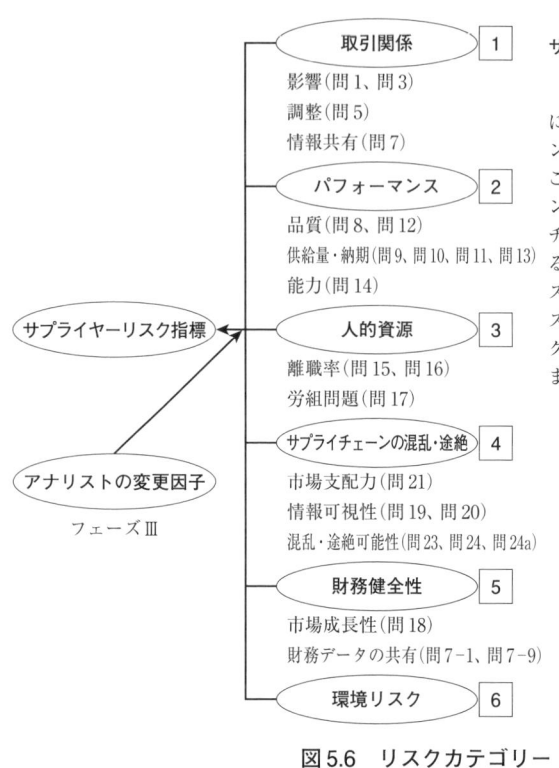

第5章 リスクの測定とマネジメント

```
         ┌─ 取引関係 [1]
         │  影響(問1, 問3)
         │  調整(問5)
         │  情報共有(問7)
         │
         ├─ パフォーマンス [2]
         │  品質(問8, 問12)
         │  供給量・納期(問9, 問10, 問11, 問13)
         │  能力(問14)
         │
サプライヤーリスク指標 ─┼─ 人的資源 [3]
         │  離職率(問15, 問16)
         │  労組問題(問17)
         │
         ├─ サプライチェーンの混乱・途絶 [4]
         │  市場支配力(問21)
アナリストの変更因子     │  情報可視性(問19, 問20)
         │  混乱・途絶可能性(問23, 問24, 問24a)
  フェーズⅢ    │
         ├─ 財務健全性 [5]
         │  市場成長性(問18)
         │  財務データの共有(問7-1, 問7-9)
         │
         └─ 環境リスク [6]
```

サプライチェーンリスクカテゴリー(属性)

これらにより、レビュー中の企業にサービスしているサプライチェーンネットワークの属性を測定します。このリスクスコアは、サプライチェーンに否定的な影響を与えるサプライチェーンネットワークの内外で起こるリスク事象の可能性を示します。スコアが高いほど、より多くの「リスク」がサプライチェーンネットワークに存在していることを意味しています。

図5.6　リスクカテゴリー

ために、複数のデータソースを使用します。上記のリスクカテゴリーに関するデータは、複数の情報源(Webベースの調査によって得られるサプライヤーからの発信情報、企業内部の情報、外部の情報)から集められます。

データを収集した後で、上記の6つのリスクカテゴリーに整理しますが、この6つのリスクカテゴリーは、潜在的なサプライチェーンリスクの原因の違いを表しています(**図5.6**)。リスクカテゴリー別のデータを見ることによって供給ネットワークのリスクレベルを診断することができ、リスクの発生可能性を高めている属性の特定とリスク緩和対策の的を絞ることが容易になります。**図5.7**に示すように、データを各リスク事象に整理することもできます。リスク事象は、それが起こるとサプライチェーンの混乱・途絶をもたらすかもしれない事象です。リスク事象ごとにデータを見ることによって、供給ネットワーク

5.5 データモデル

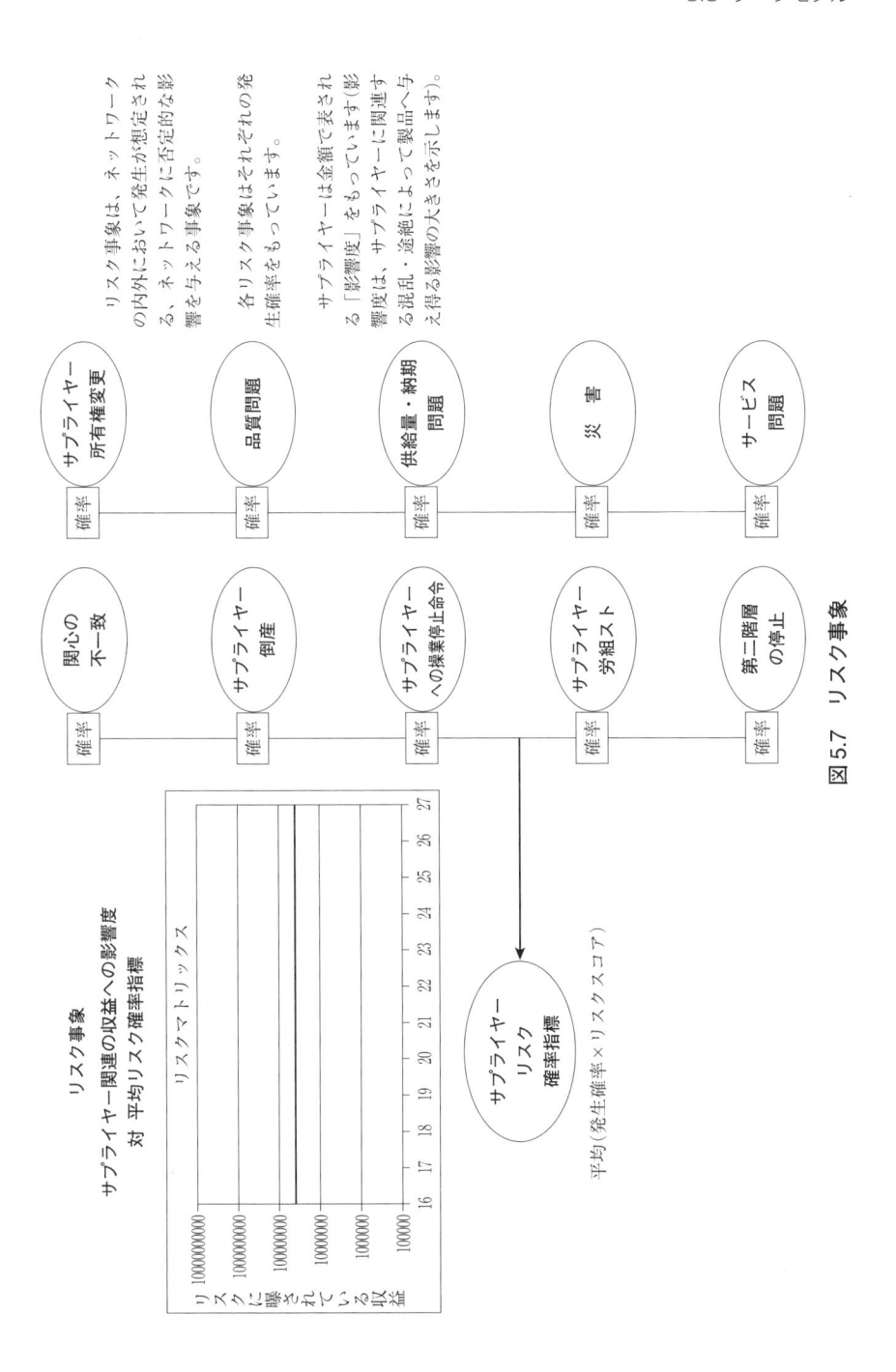

リスク事象は、ネットワークの内外において発生が想定される、ネットワークに否定的な影響を与える事象です。

各リスク事象はそれぞれの発生確率をもっています。

サプライヤーは金額で表される「影響度」をもっています（影響度は、サプライヤーに関連する混乱・途絶によって製品へ与え得る影響の大きさを示します）。

リスク事象
- サプライヤー所有権変更
- 品質問題
- 供給量・納期問題
- 災害
- サービス問題
- 関心の不一致
- サプライヤー倒産
- サプライヤーへの操業停止命令
- サプライヤー労組スト
- 第二階層の停止

（各事象には「確率」が結び付いている）

リスク事象
サプライヤー関連の収益への影響度
対 平均リスク確率指標

リスクマトリックス
（縦軸: リスクに曝されている収益 100000〜1000000000、横軸: 16〜27）

サプライヤーリスク確率指標
平均（発生確率×リスクスコア）

図 5.7 リスク事象

第5章 リスクの測定とマネジメント

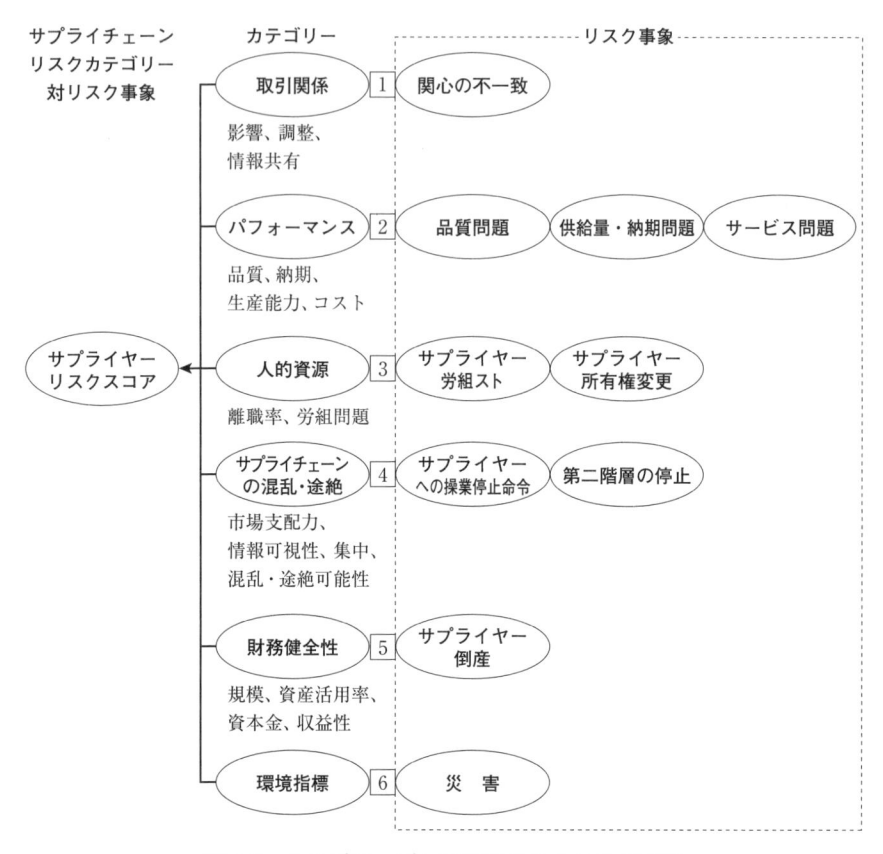

```
サプライチェーン    カテゴリー              リスク事象
リスクカテゴリー
対リスク事象        取引関係    1    関心の不一致

                   影響、調整、
                   情報共有

                   パフォーマンス 2   品質問題    供給量・納期問題   サービス問題

                   品質、納期、
                   生産能力、コスト

サプライヤー        人的資源    3    サプライヤー    サプライヤー
リスクスコア                        労組スト       所有権変更

                   離職率、労組問題

                   サプライチェーン 4  サプライヤー    第二階層の停止
                   の混乱・途絶       への操業停止命令

                   市場支配力、
                   情報可視性、集中、
                   混乱・途絶可能性

                   財務健全性  5    サプライヤー
                                   倒産

                   規模、資産活用率、
                   資本金、収益性

                   環境指標    6    災　害
```

図5.8 カテゴリーごとに整理されたリスク事象

が曝されているリスクを分析することができ、特定の事象の発生可能性を高めている属性を見出すことが容易になります。これは、供給の混乱・途絶をもたらす原因についての理解を容易にします。

　評価データは、各リスク事象に整理された後、図5.8に示すように、さらに各リスクカテゴリーに整理されます。リスクカテゴリーに関連づけられたリスク事象ごとにデータを見ることによって、特定のリスク事象の発生可能性を高めている原因を特定するための分析ができます。この分析は、全般的なサプライヤーのリスク改善計画を支援するというより、個別のサプライヤーが抱えているリスクの固有の原因に対しての緩和対策の絞込みを支援するものです。リ

スクの測定結果、すなわち指標は、2つの経路で算出されます。それは診断のための算出と分析のための算出です。

経路1(診断用)は、各リスクカテゴリーへ入る評価スコア(指標)の単純な集計です[*10]。各リスクカテゴリーのリスク指標は、集計したすべてのスコアを平均することによって得られます[*11]。元データは、リスク評価時につくられて管理されたものなので、このリスク指標はサプライチェーン内での各カテゴリーの相対的なリスクレベルを反映します[*12]。この方法は、ネットワークそのものの構造の中における許容可能なリスクのレベルを決定するために、サプライヤーと購買品群の順位を作成するのに用いられます[*13]。

経路2(分析用)は少し複雑です。サプライヤーの評価スコア(指標)は、リスク事象に従って再編成されます[*14]。評価スコアは、リスク事象ごとの合計指標スコアを全スコアの合計で割った数字にもとづいて各事象に割り当てられます[*15]。

各々のリスク事象は、ある製品のカテゴリーにおいて決まった確率で発生します。これらの確率は、評価中の特定のサプライチェーンに関する知識が豊富な企業内の専門家からの情報によって策定されます。各々のリスク事象の発生確率にスコアを乗じると、リスク確率指標(Risk Probability Index：RPI)が得られます[*16]。すべてのリスク事象の平均RPIは、その後に計算します[*17]。この数字は、評価対象のサプライヤーのリスク事象発生に関連する混乱・途絶リスクの可能性を表します。図5.9は、2つの経路のデータフローの全体像を表しています。

(2) 鍵となる報告(表示)

このシステムの主要な情報表示は「リスクホイール」です。前述した診断用の表示を図5.10に示しますが、どのような種類のリスクも、どのような詳細な階層も同じように表示できます。ホイールの中心は、リスク対象の層(サプライヤー、サブカテゴリー、素材など)のリスク指標です。2番目の環は、リスクカテゴリーで、その外側はリスク指標です。各々のアイテムは、濃いグレー(高リスク)、やや濃いグレー(やや高リスク)、グレー(中リスク)、薄いグレー(低リスク)、白(リスクなし)に色分けされています。この表示は、各サプラ

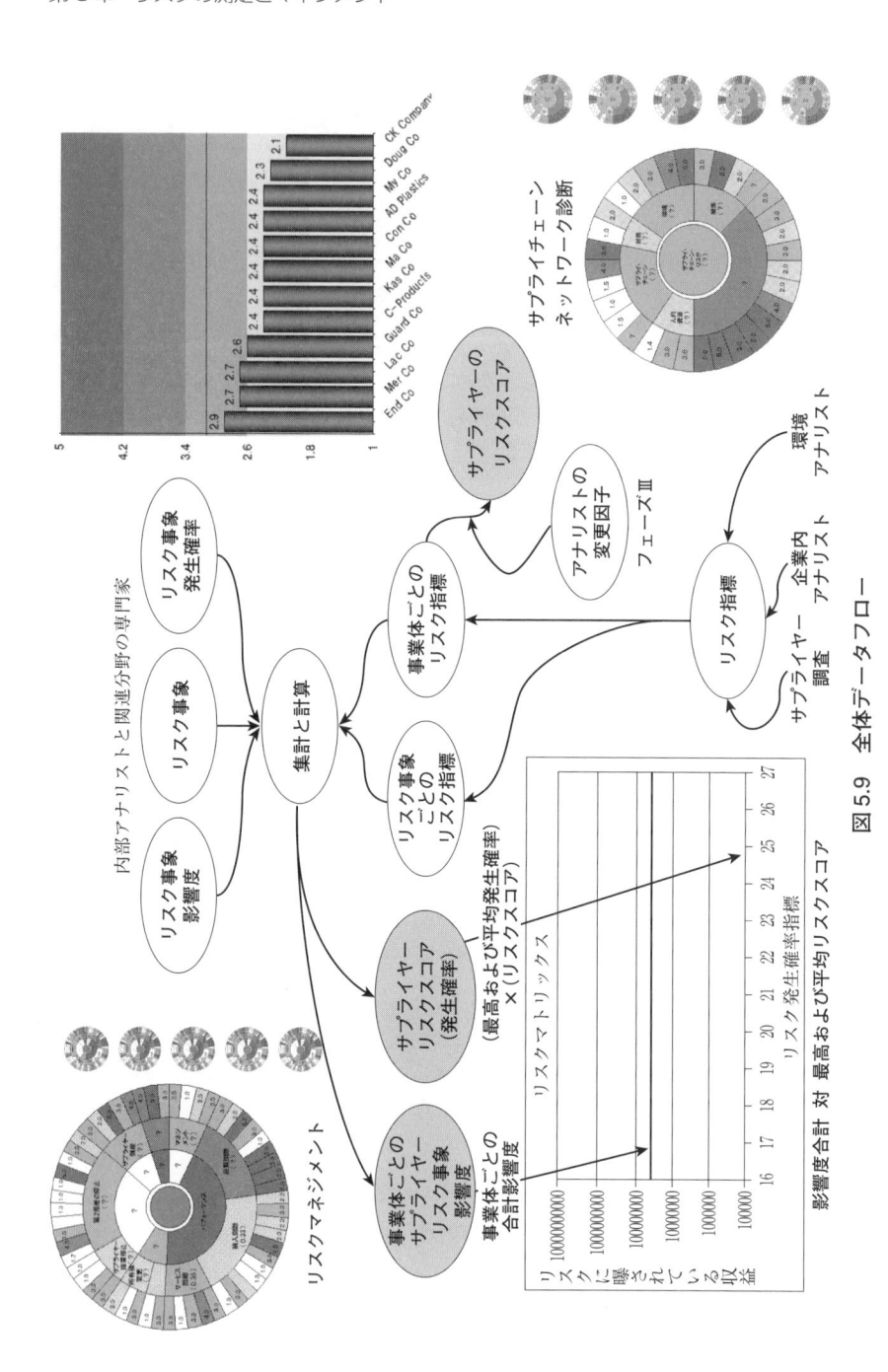

第5章 リスクの測定とマネジメント

図 5.9 全体データフロー

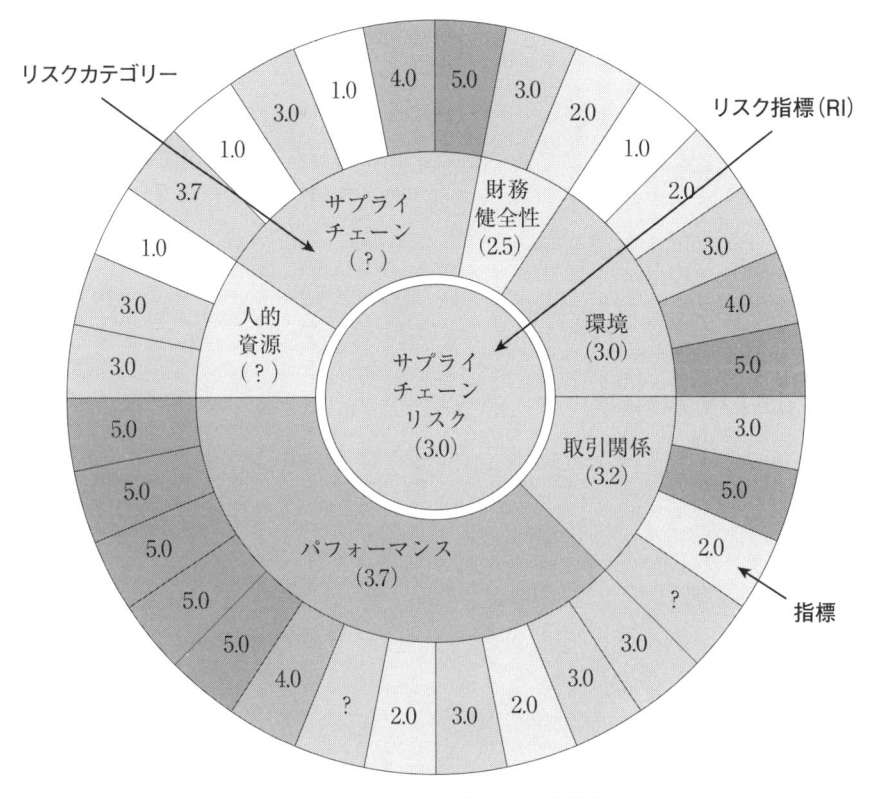

図 5.10　リスクホイール：診断用

イヤーにおいてリスクレベルを高めている基礎的な要因を理解するのに使用できます。

図 5.11 は、分析用、つまりリスク事象の切り口によるリスクホイールです。この表示には、サプライチェーンの混乱・途絶をもたらす可能性のある潜在的なリスク事象に、指標スコアを適用したものが反映されています。これらの事象には、サプライチェーン内の専門家によって算定された発生確率が割り当てられています。この確率に、対応するリスク事象のリスク指標スコアを乗じ、これらを集計して平均したものがリスク確率指標(RPI)になります。RPI は、サプライチェーンの混乱・途絶の可能性の大きさに従ってサプライヤーを格付けするのに用いられる相対的な数字です。

第5章　リスクの測定とマネジメント

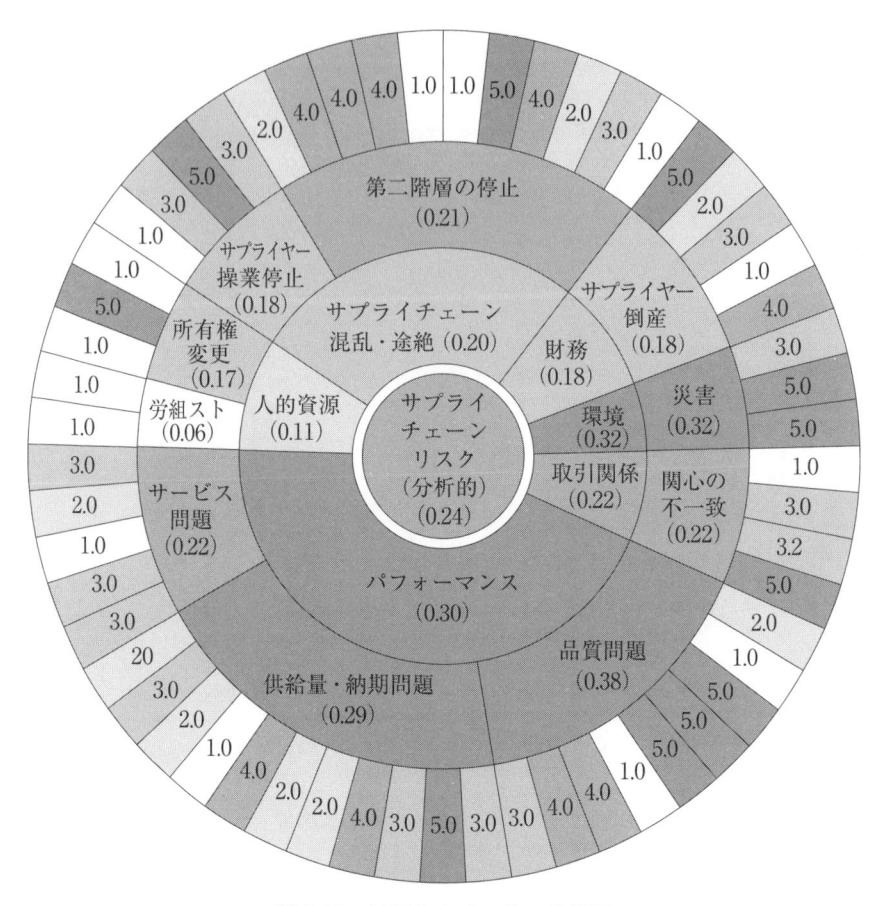

図5.11　リスクホイール：分析用

マルチユースマトリックス（MUM）は、1つの購買品群に属するすべてのサプライヤー（または、サプライヤー数を選択することが可能なため、一部のサプライヤー）のリスクカテゴリースコアを示すのに用いられます。「高リスク」から「リスクなし」スコアにわたってコード化（色分け）されています（図5.12）。この表示は、各リスクカテゴリーにおけるサプライヤー間の比較に有用です。この図を使用してサプライヤーを順位づけることも可能です。

図5.13に示される棒グラフは、1つの購買品群内における各サプライヤーのリスクスコアの順位を示すのに用います。

5.5 データモデル

ベストプラクティス	KENTWOOD	EASTPOINTE	DETROIT	MONTPELIER	WARREN	ROCHESTER HILLS	BOWLING GREEN
評価基準適合性	1	5	1	1	3	1	1
稼働率	2.88	4	1	1	3	2	5
生産能力変更	3	3	3	2	2	1	5
納期未軟性	2	4	1	2	2	2	5
サービスの迅速性	3.63	5	4	1	4	3	5
MRR	2.5	3	5	2.6	1	1	1
監査日	5	5	1	1	3	3	5
監査スコア	5	5	5	3	3	3	5
従業員離職率	1.63	1	2	1	2	1	1
上級社員離職率	1	1	1	1	1	1	1
労働組合問題	1	5	5	1	1	1	1
市場支配力	4.75	5	3.67	3	3.67	3	1
第二階層との情報共有	2.25	3	1	1	1	1	1
第二階層のパフォーマンスのモニタリング	2.63	4	1	1	3	3	1
混乱・途絶の発生確率	1.14	1.75	2.13	1.5	2.75	2	1
リスクマネジメントシステム	1.63	5	2	1	2	1	1
原材料供給源	1	1	1	1	1	1	1
市場成長率	2.63	5	5	2.6	1	2	4
市場動向	2	5	5	4	2	3	3
M&A	2.38	5	5	2	2	3	4
法規則	2.63	4	4	3	2	4	4
災害	2	3	3	1	2	3	4
輸送	4	3	4	4	3	4	4
トラック用部品からのサプライヤーの収益	3.25	4	1	1	5	2	4
Simulator Co.からの収益の影響力	4.38	4	5	3	5	3	4
サプライヤー/Simulator Co.の調整	3.4	4.6	4	2.8	5	1.2	3
サプライヤー/Simulator Co.の情報共有	2.85	3.5	1.5	2.17	3	2.17	2.5
技術支援	2.5	4	2	3	5	3.67	5
製造職	4.38	5	4	4.8	5	4.67	5
改善対策報告	5	5	5	5	5	5	5
品質	2.75	4	5	2.2	3	1.33	1.5
給与レベル	2	3	3	3	4	3	1
財務リスク指標	2.38	3.14	3.29	1.86	2	1.57	

図 5.12 マルチユース図レポート

第5章　リスクの測定とマネジメント

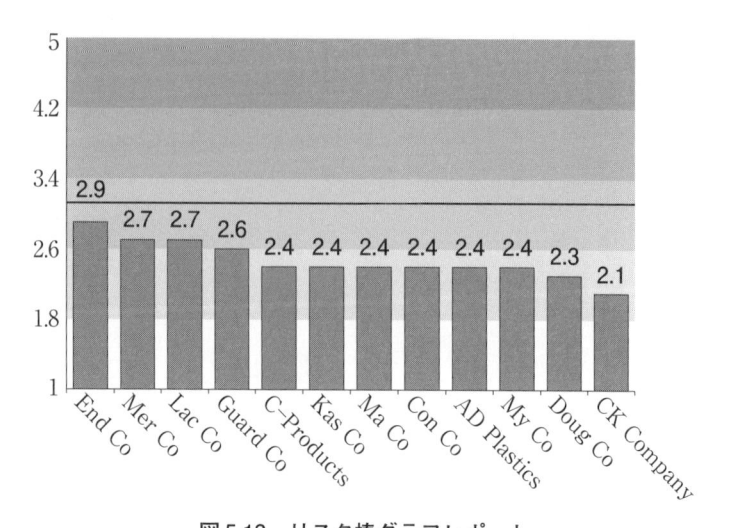

図5.13　リスク棒グラフレポート

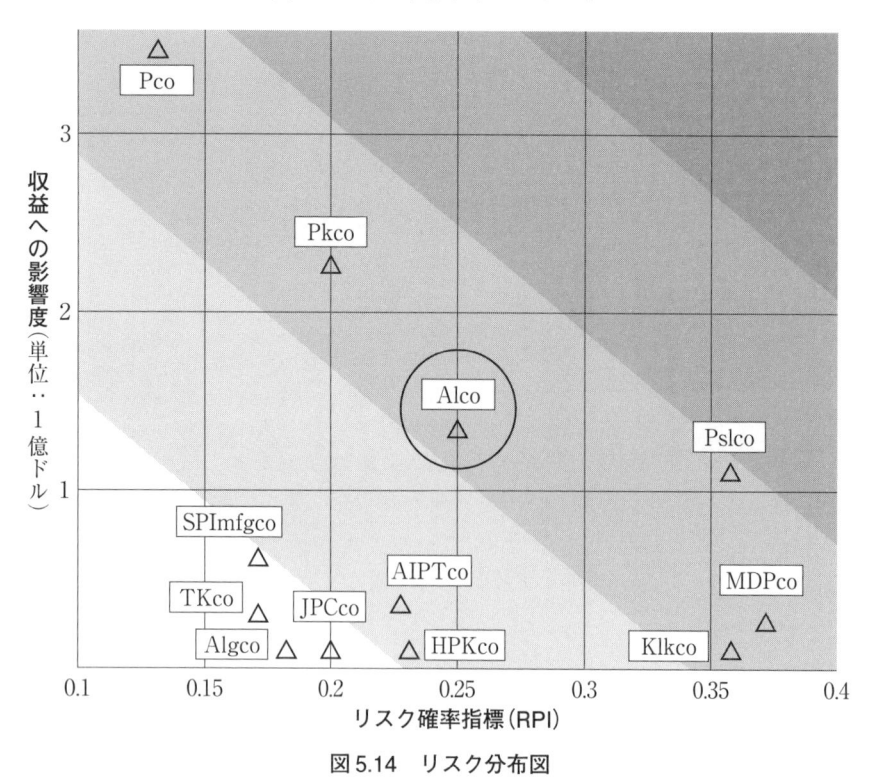

図5.14　リスク分布図

5.5 データモデル

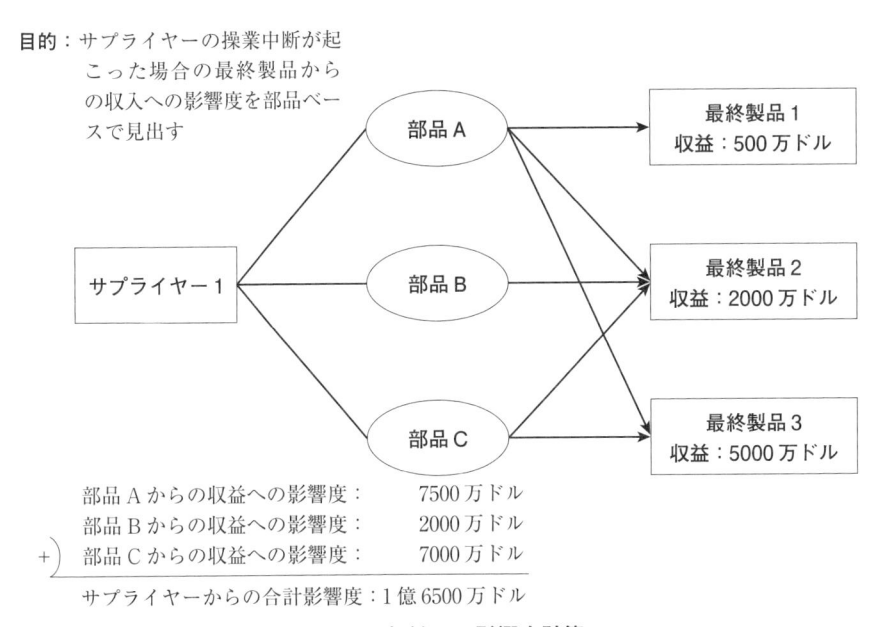

目的：サプライヤーの操業中断が起こった場合の最終製品からの収入への影響度を部品ベースで見出す

```
サプライヤー1 → 部品A → 最終製品1 収益：500万ドル
              → 部品B → 最終製品2 収益：2000万ドル
              → 部品C → 最終製品3 収益：5000万ドル
```

部品Aからの収益への影響度：　　7500万ドル
部品Bからの収益への影響度：　　2000万ドル
+) 部品Cからの収益への影響度：　　7000万ドル
　　サプライヤーからの合計影響度：1億6500万ドル

図5.15　収益への影響度計算

図5.14に示されているリスク分布図は、サプライヤーに起因するリスクに曝されている収益(収益への影響度)と、そのサプライヤーの平均リスク確率指標(RPI)をプロットして作成します。この図は、リスクと企業に与える影響に従って2行2列のマトリックスに位置づけられた、1つの購買品群に属するすべてのサプライヤーを見るために用います。マトリックスは、濃いグレー(高リスク)から白(リスクなし)まで色分けされており、緩和対策を優先的に集中するべき高リスクなサプライヤーが一目でわかるようになっています。図5.15は収益への影響度の計算方法を表しています。

サプライヤーまたは緩和対策に関するデータを利用した図5.16のようなレポートを作成することもできます。

第5章 リスクの測定とマネジメント

サプライヤー	購買金額 (×1,000)	部品番号	リスクの理由	緩和
Pco	2382.01	85	①低い購買金額/同社収入比 ②高い SRIM%	①在庫積み増しなどのより多い資源の配分 ②バックアップのための非常事態計画
Alco	1156.22	36	①低い購買金額/同社収入比 ②技術的問題への対応の遅さ ③高い上級社員、従業員の離職率 ④低いマーケット交渉力 ⑤同社1社からの購買 ⑥低品質	①同社との取引停止と他の3社（Algco、Tkco、AIPTco）への購買シフト
Pslco	460.34	6	調査へ未回答	回答の取得
Algco	200.61	9	①低い購買金額/同社収入比および同社にとっての低い利幅 ②二次サプライヤーとの定期的情報共有の欠如 ③大きいリスク低減余地	①Alco 社からの同社への購買シフト ②二次サプライヤーとの情報共有システム構築の支援 ③品質監査の実施
TKco	165.47	9	①低い購買金額/同社収入比 ②コスト構成の共有の欠如	①Alco 社からの同社への購買シフト ②コスト構成取得のための交渉
AIPTco	78.99	1	①関心の一致度の総体的低さ ②技術的問題への対応の遅さ ③低いエンジニアリング支援 ④少ない従業員数 ⑤二次サプライヤーとの定期的情報共有の欠如 ⑥低いマーケット交渉力	①Alco 社からの同社への購買シフト
MDPco	21.55	4	調査へ未回答	回答の取得
Pkco	666.77	12	①低い購買金額/同社収入比 ②評価基準不適合 ③低いエンジニアリング支援 ④大きいリスク低減余地 ⑤二次サプライヤーとの定期的情報共有の欠如	①関係強化とエンジニア要員の増強 ②評価基準適合への後押し ③現地でのサプライヤー監査の実施 ④二次サプライヤーとの情報共有システム構築の支援
SPImfgco	20.29	2	①低い購買金額/同社収入比 ②低いエンジニアリング支援 ③低いデータ提供 ④二次サプライヤーとの定期的情報共有の欠如 ⑤原材料費の上昇を価格に直に反映させる傾向	①関係強化と支援エンジニア要員の増強およびコストデータの相互共有 ②二次サプライヤーとの情報共有システム構築の支援 ③コスト管理のための契約マネジメント
HPKco	8.91	1	①低い購買金額/同社収入比 ②少ない従業員数 ③サプライヤー監査を行っていない ④同社自身が操業中断確率を高いと考えている ⑤二次サプライヤーとの定期的情報共有の欠如	①現地でのサプライヤー監査の実施と操業中断確率が高い原因の調査 ②他社への購買シフトの検討
JPCco	4.06	1	①低い購買金額/同社収入比 ②少ない従業員数 ③パフォーマンスデータの欠落	①現地でのサプライヤー監査の実施
Klkco	4.03	1	調査へ未回答	回答の取得

図 5.16　リスクの理由と購買金額

5.5 データモデル

| リスク因子の変化 ||||||||| SRIM =(収益への影響度)×RPI×RI || SRIMのサプライヤーごとの割合とその変化(%) ||
| 収益への影響 (×1,000,000) ||| リスク確率指標 RPI ||| リスク指標RI ||||||
以前	現在	変化	以前	現在	変化	以前	現在	変化	以前	現在	以前	変化
367.71	367.71	0	14.32	14.32	0	1.9	1.9	0	100.02	100.02	16.77	0
170.29	0.00	▲170.29	20.31	0.00	▲20.31	3.0	0.0	▲3.0	103.75	0.00	17.39	100
109.13	109.13	0	38.00	38.00	0	4.3	4.3	0	178.32	178.32	29.9	0
44.98	130.00	85.02	17.76	17.76	0	2.5	2.5		19.98	57.73	3.35	▲189.02
18.59	77.10	58.51	16.89	16.89	0	2.4	2.4	0	7.54	31.25	1.26	▲314.74
23.25	50.00	26.75	22.07	22.07	0	3.0	3.0	0	15.40	33.11	2.58	▲115.05
17.57	17.57	0	38.00	38.00	0	4.6	4.6	0	30.71	30.71	5.15	0
217.84	217.84	0	20.88	20.88	0	2.5	2.5	0	113.73	113.73	19.07	0
58.62	58.62	0	17.03	17.03	0	2.5	2.5	0	24.95	24.95	4.18	0
0.29	0.29	0	18.99	18.99	0	2.4	2.4	0	0.13	0.13	0.02	0
0.47	0.47	0	19.49	19.49	0	2.7	2.7	0	0.25	0.25	0.04	0
0.98	0.98	0	38.00	38.00	0	4.6	4.6	0	1.71	1.71	0.29	0
1029.72	1029.71		23.48	21.79	▲1.69	3.0	2.8	▲0.25	596.48	571.92		4.12

を付したサプライヤーリスクレポート

第 5 章　リスクの測定とマネジメント

第 5 章訳注

＊1　図中の「S」はサプライヤーを示す。

「リスク事象発生確率」は、ここではサプライチェーンネットワークのオーガナイザーにとっての特定のリスク事象が発生する確率である。したがって、ある購買品群を供給している個々のサプライヤーにおける発生確率ではなく、この購買品群を供給しているサプライヤー全体において発生する確率である。なお、個々のサプライヤーにおけるリスク事象発生確率は、サプライヤー全体におけるリスク事象の発生確率と次のリスク指標（サプライヤーごと）から算出する（訳注 17 参照）。

「リスク指標（RI）」は、図 5.6 に示されている質問へのサプライヤーからの回答スコア。ここでは、特定のリスク事象に関する特定のサプライヤーの回答スコアである。なお、特定のリスク事象に関するサプライヤー全体のリスク指標は、サプライヤーごとのこのリスク指標を合計平均する。

＊2　「基本発生確率」は訳注 1 の「リスク事象発生確率」（全サプライヤー）。

「サプライヤーごとのリスク評価結果」は訳注 1 の「リスク指標」（サプライヤーごと）。

この文章は、特定のリスク事象の「基本発生確率」（全サプライヤー）と、これに対応する「リスク指標（RI）」（サプライヤーごと）を演算して、サプライヤーごとの特定のリスク事象の発生確率を算出する（訳注 17 参照）ことを意味している。

＊3　「最小単位の品目のこと。絶対的単品とも呼ばれている。あるブランド名を持つ商品（品目もしくはアイテムと呼ぶ）は、形状、サイズ、色などでいくつもの種類に分かれており、これ以上分類できない最小の単位がSKUとなる。」（齊藤実、『物流用語の意味がわかる辞典』、日本実業出版社、2000 年）

＊4　「災害履歴」は、本章の他の文章、図では省略されているか、「環境」に統合されている。

＊5　図 5.2、図 5.3 の「収益への影響度」（縦軸）の算出方法は、図 5.15 参照（第 6 章の記述から、サプライヤーが突然停止し、復旧に 1 年間かかったとする仮定を採用しているものと推測される）。

図 5.2 の「リスク確率指標」（横軸）は、訳注 2 で述べた、サプライヤーごとの特定のリスク事象の発生確率である。本文にあるように、輸送問題やコミュニケーション（情報共有）問題などの特定のリスク事象ごとにこの図を作成して、必要に応じ個別のサプライヤーにおけるリスク緩和対策を行う。

図 5.3 の「リスク確率指標」（横軸）は、サプライヤーごとの特定のリスク事象の発生確率と解することもできるが、本文、図 5.14、図 5.16 から判断して、サプライヤーごとの総リスク事象発生確率と解したほうがよい（訳注 18 参照）。

＊6　さまざまな前提（If）に応じて、何（What）が起こるかを予測して評価する手法。

第 5 章訳注

＊7　差別や不利益を被ってきたマイノリティーの、職業、教育上の差別撤廃措置。具体的には、入学者数、雇用者数に受け入れ枠や目標値を定めて、白人男性が歴史的に圧倒的多数派を形成してきた領域での、黒人、ヒスパニック、女性などの就学、雇用の機会を保証しようとする（朝日新聞社『知恵蔵2009』）。

＊8　米国の特許法における、デザイン特許および植物特許以外の通常の特許（日本の実用新案とは異なる）。

＊9　サプライチェーン・リデザイン社は編者のハンドフィールド博士が経営しており、サプライチェーンに関する企業向けのコンサルティングサービスなどを行っている。

＊10　サプライヤーに対して行われる図5.6の質問への回答スコアから、図5.10を作成する手続きを説明している（図5.6には25問あり、図5.10には32個の指標があるので、正確には図5.6から図5.10を作成したわけではない。両図とも例示である）。

　　図5.10の診断用リスクホイールは、特定のサプライヤーの回答スコアの善し悪しを図示化したものであり、外側の環（指標）の数字は各回答スコア、内側の環（リスク・カテゴリー）の数字はリスクカテゴリー別に分類した回答スコアの各平均値、中央の円の数字（リスク指標）は回答スコアの総平均値である。

　　指標の数字に「？」や「3.7」といった小数があるのは、サプライヤーからの回答に欠落があったり、例外的な回答（回答は1〜5までの数字を選択するようになっていると推測される）があったためであろう。

＊11　図5.10の内側の環（リスクカテゴリー）の数字の算出方法を説明している。

＊12　図5.10の内側の環（リスクカテゴリー）の数字を比較することによって、特定のサプライヤーにおいて、どのリスクカテゴリーのリスクレベルが相対的に高いのか（どのリスクカテゴリーに関連する回答スコアが悪いのか）がわかる。

＊13　特定の購買品群における各サプライヤーの中央の円の数字（リスク指標）によって、サプライヤーの各総平均回答スコアの比較が可能になる。一方、この購買品群における各サプライヤーのリスク指標の総平均値（全サプライヤーの平均リスク指標）を求めることもできるが、これを他の購買品群における各サプライヤーのリスク指標の平均値（全サプライヤーの平均リスク指標）と比較することによって、購買品群のリスクレベル（回答スコアの善し悪し）の比較が可能になる。

＊14　図5.11においては、外側から2番目の環のリスク事象（この図では10種のリスク事象）に関連したサプライヤーからの回答スコアが、最も外側の環に並べられている（例えば、品質問題においては、9個の回答スコアが関連している）。

　　なお、編者のハンドフィールド博士に確認したところ、図5.10と図5.11は同じデータから作成されているとのことである。図5.10（診断用リスクホイール）

の外側の環の数字の個数はサプライヤーへの質問数と同じ32個であるが、図5.11(分析用リスクホイール)の外側の環には57個の数字が並んでいる。これは、分析用リスクホイールにおいては一つの質問が複数のリスク事象に関係づけられることがあるためである。

*15　この文章は、図5.11の外側から2番目の環のリスク事象の発生確率の算出方法の一部を説明している。

　品質問題を例にとると、関連する9個の回答スコアの合計をサプライヤーごとに算出し、このサプライヤーごとの合計値を集計して全サプライヤーの合計値を求める。次にサプライヤーごとの各合計値を全サプライヤーの合計値で除する。式にすると次のとおり。

　　　　　　(サプライヤーごとのスコア合計)÷(全サプライヤーのスコア合計)

*16　この文章は、訳注1の「リスク事象発生確率」(全サプライヤー)、すなわち、訳注2の「基本発生確率」(全サプライヤー)の求め方を記述している。

*17　この文章も、訳注15、訳注16で求めた数字にもとづいて、図5.11の外側から2番目の環のリスク事象の発生確率の算出方法の一部を説明している。式にすると以下のとおり。

　　　　　　(サプライヤーごと、リスク事象ごとの発生確率)
　　　　　　＝(全サプライヤーのリスク事象別の基本発生確率)
　　　　　　　×(サプライヤーごとのスコア)÷(全サプライヤーの集計スコア)

*18　図5.11の中央の円の数字の算出法を説明している。

　リスク事象ごと、サプライヤーごとのRPIを、サプライヤーごとに全リスク事象をとおして合計し、平均すれば、サプライヤーごとの全リスク事象に対するRPIが得られる。

第6章

事例研究

ロバート・B・ハンドフィールド、ケビン・マコーマック

6.1 事例1：某自動車部品メーカー

(1) はじめに

北米にある大手大型トラックメーカーに部品を供給しているある自動車部品メーカーは、供給品不足、品質の低下、場合によっては倒産といった、サプライヤーに関する予想外の事象を頻繁に経験していました。この企業は、より大きな組織的改善プロジェクトの一部として、特定された重要サプライヤーのリスク緩和を支援するために、選定された購買品のグループを対象としたサプライヤーリスクの評価を実施しました。

(2) 事例研究の目的

サプライヤーリスク評価の目的は次の2つです。①重要なサプライヤーを特定し、根本原因を分析するのに必要なレベルでサプライヤーリスクに寄与しているすべての基準を評価すること、②特定されたサプライヤーにおいてリスク緩和ステップを実行することです。

(3) SCRD社の方法

限られた期間内に重要なサプライヤーを特定するために、SCRD社（Supply Chain Redesign, LLC：サプライチェーン・リデザイン社）のアプローチが使用

されました。このアプローチは、次の6つのカテゴリーによってサプライヤーリスクを全体的に評価することを可能にします。
① 取引関係
② パフォーマンス
③ 人的資源
④ サプライチェーンの混乱・途絶
⑤ 財務健全性
⑥ 環境指標

この評価は、短い期間に多数のサプライヤーを評価できるように、インタビューとオンライン調査との組合せで実施しました。

評価結果の概要は、サプライヤーポートフォリオ（図6.1）で示されていますが、これには各サプライヤーのリスク発生確率と収益への影響度が含まれています。なお、執筆にあたり、すべての企業名と格付けを変更しています。

この視点をとることによって高い収益への影響度と中～高リスクをもつサプライヤー（図6.1の囲み線の内側）が特定されました。サプライヤーが属しているのは、成熟産業なので高いリスク確率指標は予想されていませんでした。現に大部分のサプライヤーは0.2以下のリスク確率指標でした。この指標はSCRD社の方法にもとづく評価データと実績データによって作成されています。収益への影響度は、当該サプライヤーが突然停止し、復旧に1年間かかったと仮定した場合の企業への影響の大きさを反映したものです。

特定された重要サプライヤーに関するより詳細な評価結果は、リスクホイールの形で示されており（図6.2）、これによってサプライヤー固有のリスクの根本原因を詳細に評価することができます。リスクホイールは、6つのカテゴリーを図示していますが、このカテゴリーには見直しの対象となっているサプライチェーンに存在しているリスク事象が入っています。各リスク事象には、企業のその分野の専門家へのインタビューによって決定される基本発生確率が割り当てられています。サプライヤーごとの評価結果にそれぞれのリスク事象が適用されて、各サプライヤーのリスク事象ごとのリスク確率指標（RPI）が作成されます。各サプライヤーの総合的なRPIを算出するために、サプライヤーが所有するすべてのイベントスコアが平均され、この総合的RPIがポートフ

6.1 事例1：某自動車部品メーカー

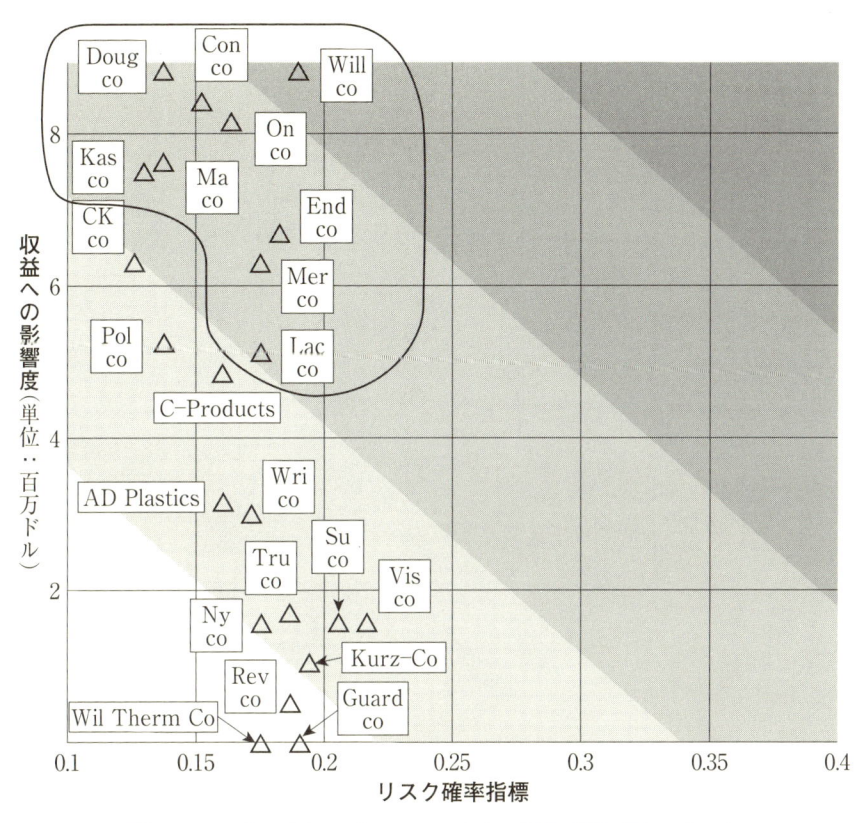

図6.1　サプライヤーポートフォリオ：射出成型プラスチック

ォリオ表示（図6.1）の横軸に使用されています。

ポートフォリオの中の濃いグレーと、グレーの中のすべてのサプライヤー（線で囲まれている）についてリスクホイールを用いて分析しました。最も重要な詳細内容の例が図6.2に示されています。

図6.2に例示されているサプライヤーは、収益への影響度が非常に高く、またRPIは中程度です。このRPIの分析において明らかになっている主な領域は次のとおりです。

- 労働組合の組織化率が高い。
- 買い手であるこの自動車部品メーカー向けの部品を担当している技術者の数が少ない。

第6章　事例研究

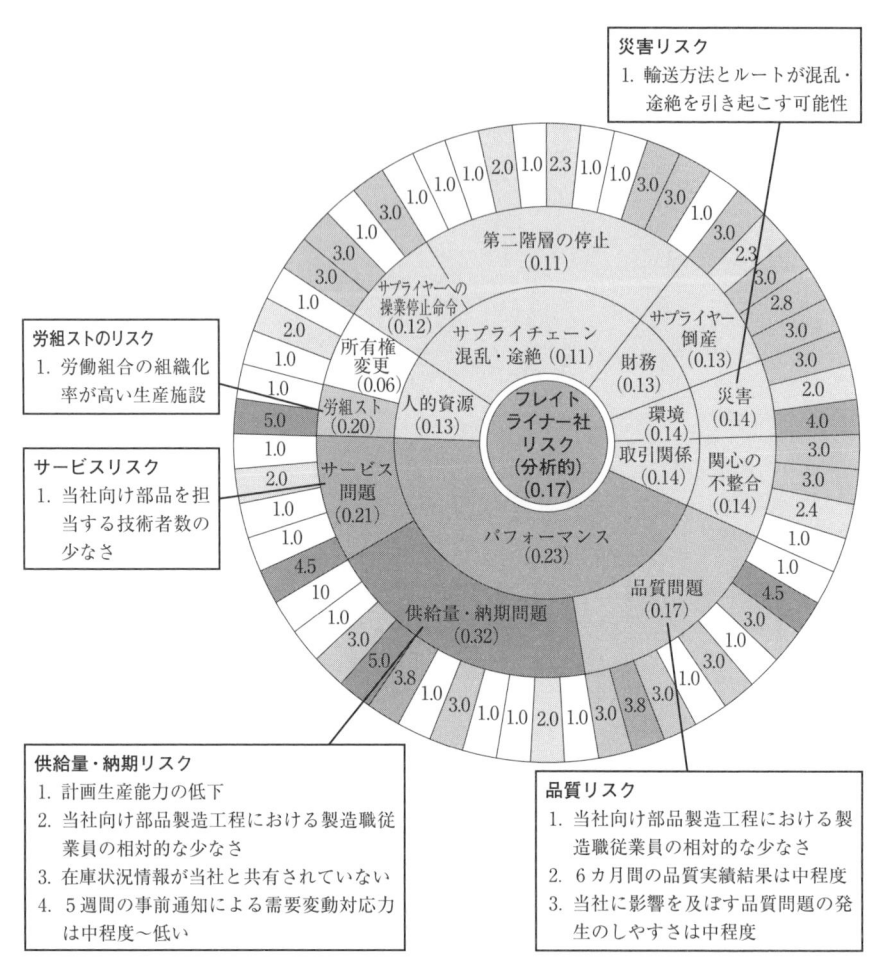

図6.2　サプライヤーリスクホイール（例）

- 生産能力の削減を計画している。
- 在庫状況情報をこの自動車部品メーカーと共有していない。
- 輸送ルートが長い。
- この自動車部品メーカーから受けている評価は平均的である。

購買マネージャーとの議論においては、このサプライヤーは自動車部品メーカーにとって低～中程度のサプライヤーリスクを示していました。供給量・納

6.1 事例1：某自動車部品メーカー

期リスクと品質リスクが最も目立っていますが、ほとんどは、この自動車部品メーカーの劇的な需要変動、入出荷の組合せ数とルート数の多さが関係しています。しかし、労働組合の組織化率の高さによってサプライチェーンの混乱・途絶が起こり得ます。議論とレビューをとおして出た結論と対策は次のとおりです。

① サプライヤーへ情報を流して、供給量・納期リスクを低減する。
② サプライヤーの生産能力の制約によるこの自動車部品メーカーへの影響を理解する。
③ この自動車部品メーカー向けの部品の技術者を増やし、サプライヤーによるサービスリスクを減らす。
④ 労働組合の動向と問題点をモニタリングするためのプロセス、役割、責任を定める。

ポートフォリオと個々のサプライヤーのリスクホイールをレビューした後、サプライヤー各社と自動車部品メーカーの購買品マネージャーは、一連の作業部会をとおして問題解決のために協業を行いました。部会の活動内容には、特性要因図[*1]を適用して根本原因を特定し、これを改善するためのプロジェクトを立ち上げることが含まれています。

リスク評価の結果として、この自動車部品メーカーは十分な情報にもとづいて、取引停止を含む実行可能な供給源の最適化と、サプライヤー開発に関する決定を行うことができました。そして、重要なサプライヤーにおいてリスク緩和対策を打つことによって、サプライヤーのパフォーマンスを向上させ、リスクを減らすことができました。例えば、次のとおりです。

- 顧客の需要に対し生産能力が逼迫した期間における部品在庫を増やした。
- 顧客の需要に対し生産能力が逼迫したときのための代替のサプライヤーを審査し、追加した。
- リスクがあり品質上の問題がつきまとうサプライヤーから、品質実績の良いサプライヤーへ購買量をシフトした。

また、貢献度の非常に低いサプライヤー(リスクホイール上の関心の不一致というカテゴリーから測定されるように)から、より献身的で、生産能力や製品品質への投資に前向きなサプライヤーに購買量をシフトしました。

6.2 事例2：Medco 社

(1) はじめに

　Medco 社（大手医療機器メーカー）は、サプライチェーンの中で予想外の問題が起こった結果、業務や顧客サービスの多数の混乱・途絶を経験しました。このことから、供給の混乱・途絶をもたらす要因をよく理解するためのフレームワークを構築し、積極的にリスクを緩和することが Medco 社の供給管理チームに課されました。現在、構築されたこのプロセスは、購買マネージャーと Medco 社危機管理チームがタイムリーにリスクを発見し管理することと、注意すべきリスク要因が発生している可能性を認識すること、を支援するために用いられています。

　このプログラムのリスク評価プロセスは、図 6.3 に示されている Medco 社によって実行されている全体的な危機管理プログラムのなかの、準備、データ収集、分析、報告部分から成り立っています。

(2) 事例研究の目的

　このプログラムの目的は、重要なサプライヤーの特定と根本原因の分析を行うのに必要とされるレベルで、サプライヤーリスクに寄与しているすべての基準を評価して、特定されたサプライヤーにおいてリスク緩和ステップを実行することです。リスク、コスト、購買金額にもとづくサプライヤーポートフォリオのバランスをとるために、サプライヤーの変更や購買金額のシフトが起こることも想定されていました。

(3) SCRD 社の方法

　サプライヤーリスクの評価と客観的で定量的なサプライヤー比較を、早く、そして全体的に行うために、このプログラムのなかで SCRD 社の方法を使用しました。このアプローチは、次の6つのカテゴリーによってサプライヤーリスクを全体的に評価することを可能にします。

　　① 取引関係
　　② パフォーマンス

6.2 事例2：Medco社

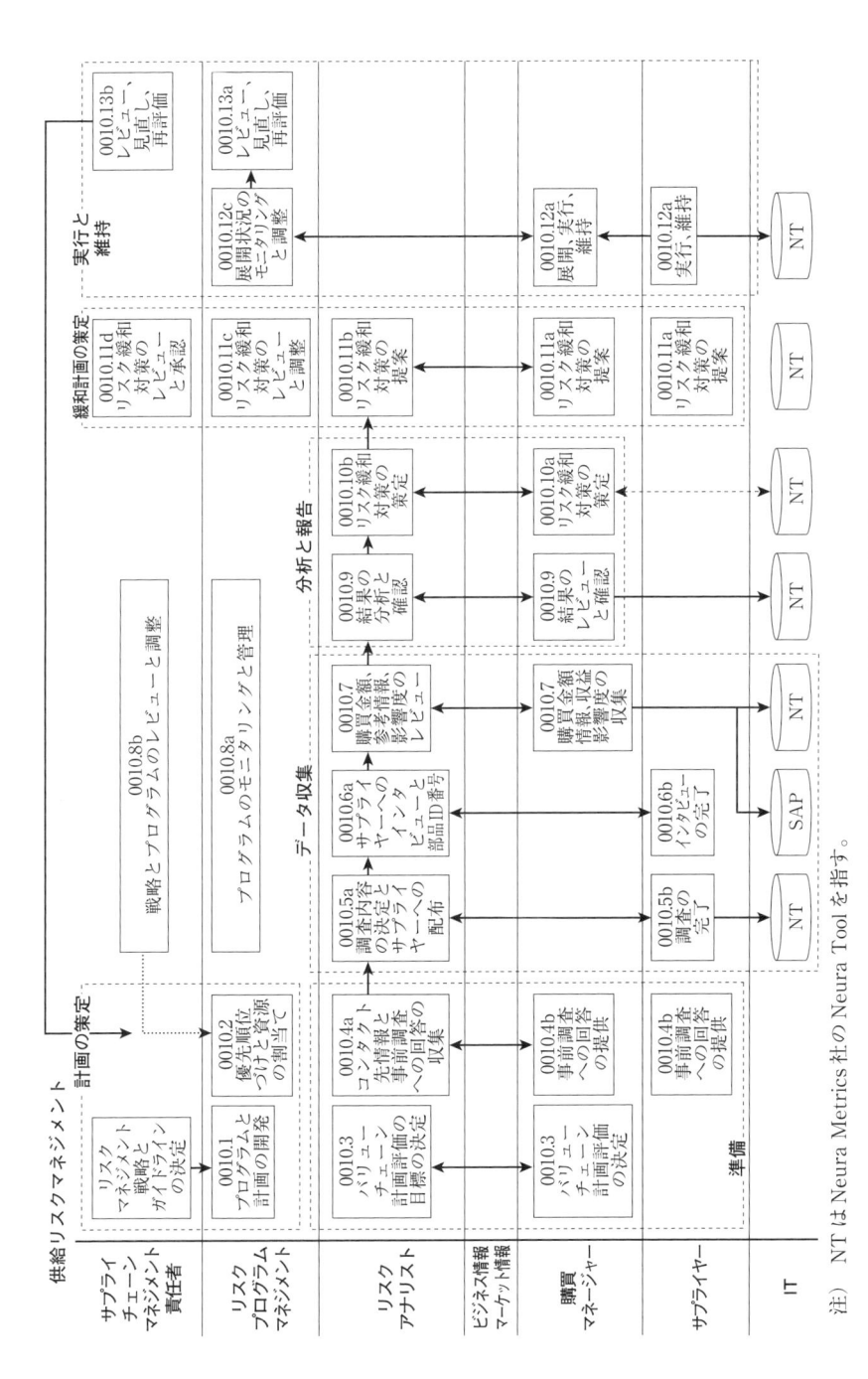

図6.3 供給リスクマネジメントの全容

注) NTはNeura Metrics社のNeura Toolを指す。

③ 人的資源
④ サプライチェーンの混乱・途絶
⑤ 財務健全性
⑥ 環境指標

この評価は、短期間に多数のサプライヤーを評価できるように、インタビューとオンライン調査との組合せで行われました。

評価結果の概要はサプライヤーポートフォリオで示されていますが、これには各サプライヤーのリスク発生確率と収益への影響度が含まれています。図6.4に示す（注：執筆にあたって、すべての企業名と格付けを変更しています）格付けは、SCRD社の方法にもとづく評価データと実績データによって作成されています。収益への影響度は、当該サプライヤーが突然停止し、復旧に1年

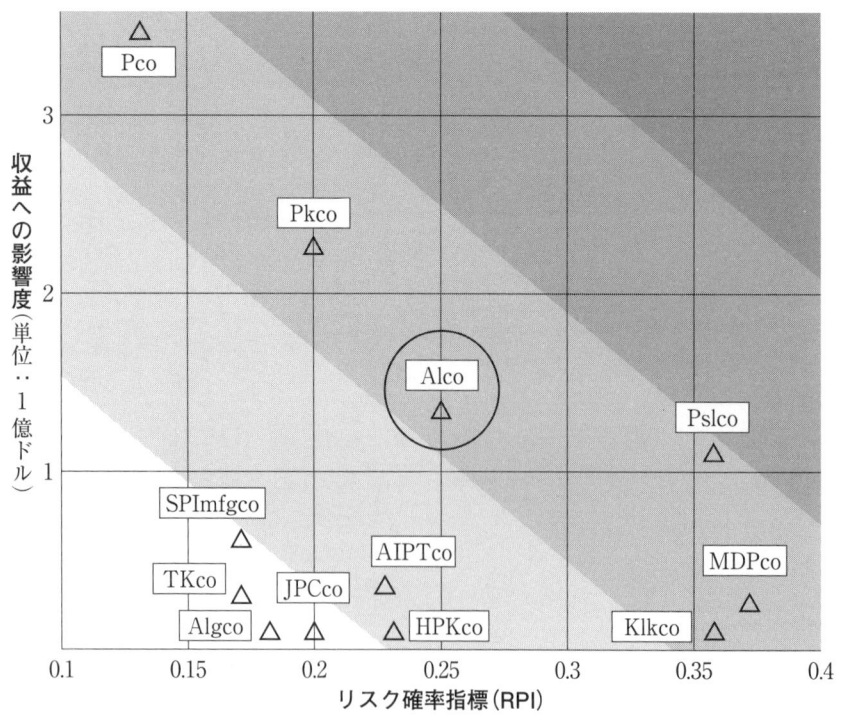

図6.4　Medco社のサプライヤーポートフォリオ：包装材料

かかったと仮定した場合の企業への影響を想定したものです。

Alco社（Medco社にとっての、ある重要原材料の唯一のサプライヤー）の収益への影響度は中程度で、中〜高リスクがあることが明らかになりました（**図6.4**の円の中）。そのうえ、Alco社のリスクプロファイルの詳細内容は、単独の原材料サプライヤー（Medco社の視点では二次サプライヤー）から原料を調達しており、そのうちの数社は海外にあり、リスクプロファイル、ロケーションリスク、輸送ルートリスクが高いことを示していました。Alco社は、最低限のリスクマネジメントプロセスしかなく、これらの問題に関する議論においては、どのような変更にも関心を示しませんでした。Alco社にとってMedco社は小さな顧客であり（Alco社の事業の5パーセント未満）、また、厳しい規制管理を要求し、医学訴訟による高い法務リスクをもたらす顧客でした。

この情報にもとづいて、この原材料のための代替サプライヤーを見つけ、購買量を他社に配分する決定が行われました。**図6.5**は、とられた対策の結果を表しています。

Medco社は、Alco社からAlgco社（その原材料の代替サプライヤーとして選ばれたサプライヤー）に購買先を変更しました。その結果、Algco社に対するリスク確率指標は変わらないまま、収益への影響度が1億2,000万ドルまで増加しましたが、Alco社による収益への影響度は「0」に改善しました。

供給リスクポートフォリオは、非常に良好になっています。Alco社から1億2,000万ドル購買したときのリスク確率指標は0.25RPIでしたが、Algco社へ移った1億2,000万ドルのリスク確率指標は、0.17RPIです（32パーセントのリスクの改善）。

リスク評価の結果として、Medco社は十分な情報にもとづいて、購買金額、リスク、取引停止を含む実行可能な供給源の最適化に関する決定を行うことができました。そして、重要な原材料におけるリスク緩和対策によって、リスクプロファイルを改善して、供給の混乱・途絶の可能性を減らすことができました。

以下に示す2つの図は、供給リスクポートフォリオのバランスをとり得る、異なるリスク緩和アプローチを示しています。

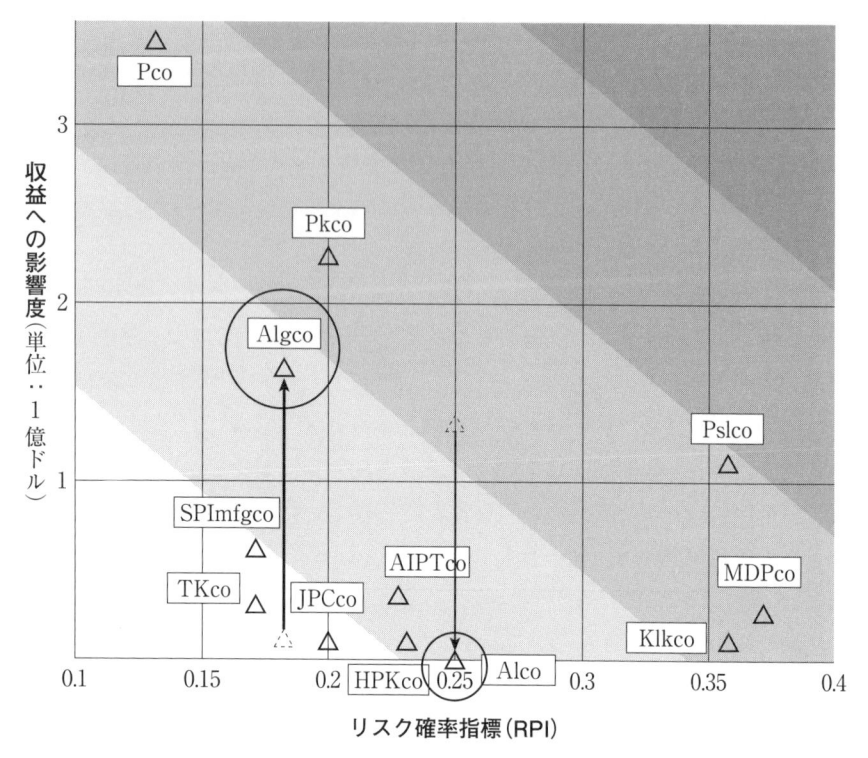

図6.5　Medco社のサプライヤーポートフォリオ：変更後

(a) リスクプロファイルを改善するための対策の実施

　これは検討すべき最初の領域です。高いリスクスコアをもたらしているサプライヤーの属性、取引関係、相互作用は何か、それを変更するために何を行うことができるのか。例えば、長い輸送ルートを抱えているサプライヤー（中国など）は、高い輸送リスクスコアをとります。このサプライヤーが1回以上の輸送単位の途絶をカバーするのに十分な在庫量を保有することができれば、**図6.6**で示すように、この領域のリスクスコアをかなり改善することができます。コミュニケーション上の問題のためにリスクが高いとされているサプライヤーについては、コミュニケーションプロセスを構築することによって対処が可能になります。このことによってリスクプロファイルが改善され、**図6.6**のグラフの左側へサプライヤーの座標上の位置が移動します。

6.2 事例2：Medco社

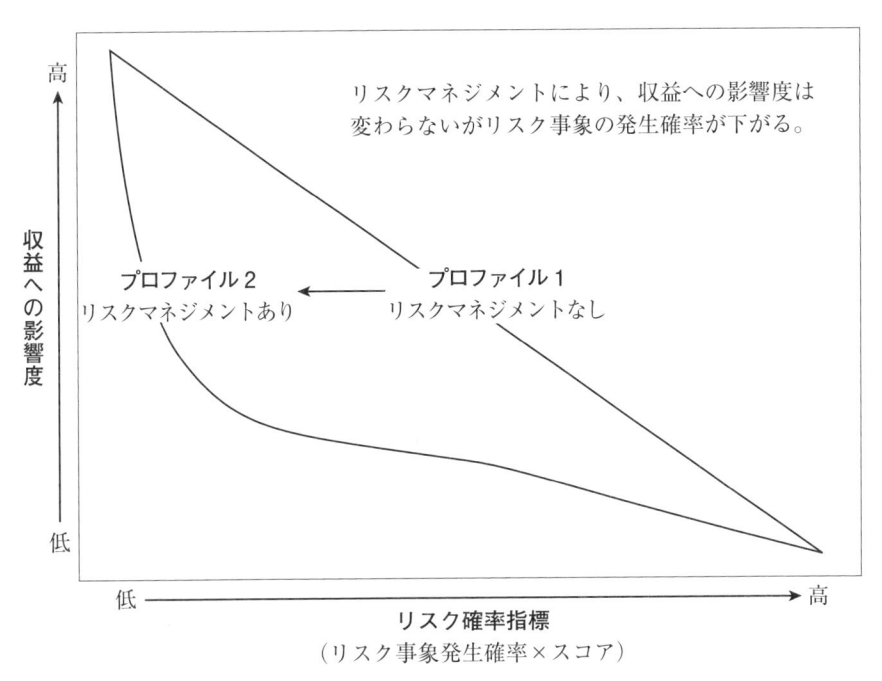

```
収益への影響度
高 ↑
         リスクマネジメントにより、収益への影響度は
         変わらないがリスク事象の発生確率が下がる。

    プロファイル2  ←  プロファイル1
    リスクマネジメントあり  リスクマネジメントなし

低 ↓
   低 ─────────── リスク確率指標 ─────────── 高
              （リスク事象発生確率×スコア）
```

図6.6　リスクプロファイルを改善する対策を採択

(b)　より低いリスクのサプライヤー数社への購買金額の分散

　図6.7は、リスクの高いサプライヤー(1)からの購買量の全部または一部を、リスクの低いサプライヤー(2、3、4)へシフトした効果を示しています。これによって、サプライヤー1社当たりからの影響を減らすことができ、また、カテゴリー全体のリスクを改善することができます。

　一般的にとられるリスク緩和対策は、サプライヤーのリスクプロファイルの変更、低リスクサプライヤーへの購買のシフト、企業が受ける影響へのバッファーの設置(在庫、利用可能な代替サプライヤーなど)、あるいはこれらの組合せです。企業のサプライヤーへの影響力の欠如は、リスク評価に現れる要因になりがちです。購買数量をシフトさせて鍵となるサプライヤーからの購買数量を増やせば、このサプライヤーへの影響力を強めることができますが、供給元を減らすことから生じるリスクと、サプライヤーへの影響力を失うことにつながる購買の過度な分散との間のバランスをとらなくてはなりません。

133

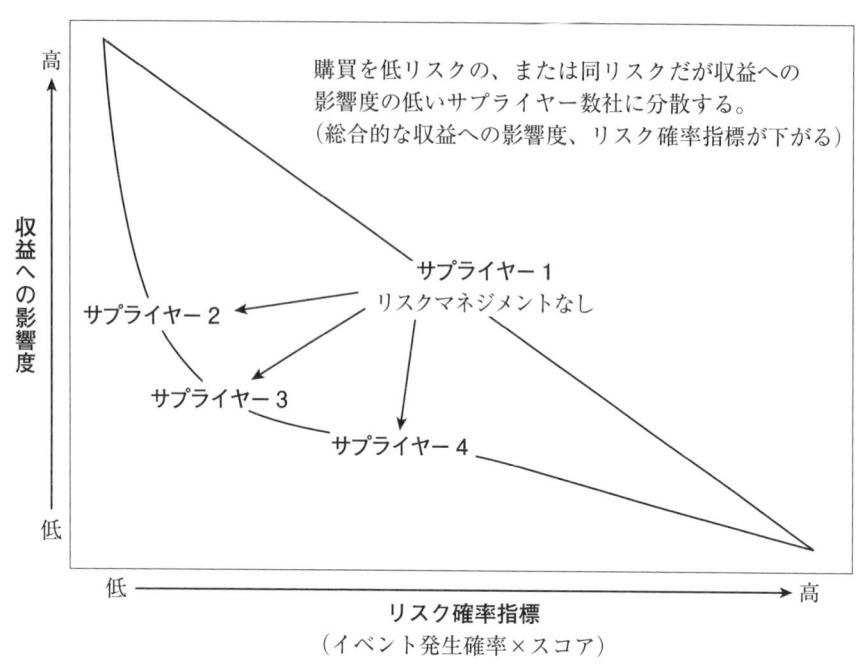

図6.7 総合的なリスクを下げるために購買を分散

第6章訳注

＊1 「特定の結果(特性)と要因との関係を系統的に表した図」(JIS Q 9024)。「QC七つ道具の一つであり、ブレーンストーミングにより作成される。問題解決における要因の整理に役立つ。」(社団法人日本経営工学会(編)、『生産管理用語辞典』、日本規格協会、2002年)

付録　サプライチェーンリスク用語とサプライチェーン用語の解説

ケビン・マコーマック

■サプライチェーンリスク用語

1. リスクステークホルダー

スポンサー：第一のステークホルダーで、通常は最高調達責任者。または、これに相当するサプライチェーン部長、調達部長、場合によってはCOO（最高経営執行者）。

第一のステークホルダー：供給（または購買）管理グループに所属しているマネージャーと個々の購買担当者、または供給マネージャー。通常、リスク評価の結果からリスク緩和対策を打ち出す責任があります。リスク評価にはサプライヤー企業の特性、行動、関係のレビューが必要なため、サプライヤー自身も第一のステークホルダーになります。

第二のステークホルダー：リスクマネジメント活動の第二のステークホルダーは、供給（購買）管理グループの内外の顧客です。内部の顧客は、信頼できる供給に依存している企業内部の生産や流通（場合によっては販売も）にかかわる組織です。最終顧客もステークホルダーに含まれますが、それは注文に対して信頼できる対応と製品性能を期待しているからです。

サプライチェーンの階層：大部分のサプライチェーンは、複数の階層（サプライチェーン内で価値を付加しているサプライヤーの位置関係）から成り立っています。これらの階層は、他の隣接する階層に対して、しばしば互いにサプライヤーでもあり顧客でもあります。理解し分析することが困難な、網の目のような関係をチェーン（鎖）の内部とチェーンの間で築いていますが、このことにより、リスク評価を行うにあたって特別な課題の検討が必要となってきます。

第一階層：第一階層のサプライヤー（一次サプライヤー）は、しばしば主要な契約相手となる事業体です。サプライヤーと、サプライヤーに供給しているサプライヤー（二次サプライヤー）の業務遂行を確実にするために、契約によって法的責任を彼らに課しています。第一階層のリスク評価を実行するときには、第一階層の契約者（一次サプライヤー）自身のリスクマネジメント能力のほかに、第二階層、第三階層のサプライヤー（二次、三次サプライヤー）との関係も調査しなければなりません。「御社は、どれくらいの頻度でサプライヤーの仕事ぶりを審査していますか？」「御社は、サプライヤーによって提示されるリスクを評価して、緩和していますか？」などといった質問を、一次サプライヤーに対してしなければなりません。一次サプライヤーによる二次サプライヤーの管理

方法(減点、加点による権限の行使)は、サプライチェーンの安定性を評価するうえで強力な判断材料になります。

第二階層:第二階層は、副次契約者レベルと呼ばれることがありますが、第二階層自身の事業と地理的環境の調査のほかに、第一階層の契約者との関係のあり方の視点からの調査も行わなければなりません。一次サプライヤーとの関係と相互のコミュニケーションのあり方は、サプライチェーンのリスク(または混乱・途絶の可能性)のレベルをしばしば決定します。

2. 混乱・途絶事象

供給ネットワークの「典型的」な混乱・途絶には、次の事項があります。

① 関心の不一致(例えば、市場の動向や法的問題のために貴社との取引に興味を失っているサプライヤー)
② 災害(天候、戦争、地震など)
③ 労働組合のストライキ
④ 規制による操業停止
⑤ 輸送の混乱・途絶
⑥ 企業の売却

3. リスク

リスク評価:企業はリスク評価を行うにあたって、サプライヤーの特性、サプライヤーとの関係、相互のコミュニケーションが記述されたフレームワークの使用によって、供給の混乱・途絶リスクを特定し、定量化します。

リスク評価フレームワーク:供給ネットワーク内でのリスクレベル、または特定のサプライヤーのリスクレベルを決定するために、フレームワークは評価すべき要因のカテゴリーから構成されています。リスク評価のための一連の方法(サプライヤーに回答してもらう質問項目)は、上記のカテゴリーに適用される尺度を備えたフレームワークの下で開発し、カテゴリーごとの管理上、妥当であることを確認する必要があります。これらの方法と評価尺度はサプライヤー評価に使用され、この結果、各サプライヤーを巻き込む混乱・途絶のリスクを反映したスコアが得られます。

リスクマネジメント:リスクマネジメントプログラムには、リスクの特定、リスクの定量化、リスクマネジメントの責任の割当て、リスク緩和対策といったプロセスが含まれます。リスクマネジメントは全社的に行うこともできますが、生産・販売プロセスの混乱・途絶のリスクを調査したいとの企業の意向から、多くの場合は拠点ごとに行います。そのうえ、供給リスクの場合は、できれば部品またはSKUのレベルで調査しなければなりません。このレベルの詳細さが、混乱・途絶の根本の原因を効果的に診断するために必要となるからです。

付録　サプライチェーンリスク用語とサプライチェーン用語の解説

リスクマネジメントの計画：リスク評価には膨大な資源と経費が投入されかねないので、適切な計画を立てて効率的に行うことが重要です。中堅企業(1～30億ドル)でも1,000～2,000社の一次原材料サプライヤーを抱えていることがあるので、複数のチームによる分担でデータを整備する戦略を推奨します。このデータ整備は、およそ8週間で実行できるプロジェクトです。分担することで負担が軽くなり、その後のプログラムを進めるだけの結果が得られます。そのうえ、影響度の大きなリスク(必ずしも購買金額の最も大きいサプライヤーに関するリスクとは限らない)を最初に評価することが明らかな優先事項になります。サプライヤーデータ(購買金額、供給されている部品、所在地、連絡先)の品質と利用可能性は、リスク評価を立案するうえで重要な考慮事項の一つです。通常の商品の場合は、このデータを集めるために週単位や月単位の期間がかかります。評価そのものは、サプライヤー、企業内部の資源、関係者を巻き込んで行われます。サプライヤーデータの整備は、スケジュールに大きく影響を及ぼす可能性があるため、リスク評価を計画するうえで鍵になる要因です。

リスク緩和：リスク緩和対策は、事業体(ほとんどのケースはサプライヤー)のリスクプロファイルを評価することによって見出され、リスクプロファイルの改善やリスクの影響から企業を守るためのバッファー(緩衝)の設置などのとるべき対策を処方します。

リスクのモニタリング：サプライチェーンネットワークの評価が完了すれば、迅速な発見と対応を可能にするためにモニタリングすべき要素が特定されます。混乱・途絶が発生する前に、誰がこれをモニタリングし、どのような対応計画をつくるかが、決定すべき重要事項になります。モニタリングが必要な要素のなかには、年1回のモニタリングで十分なもの(例えば、所在地のように滅多に変わらないもの)や、毎週行わなければならないもの(例えば、納入や品質実績)があります。鍵になるのは、企業とサプライヤー双方の資源の効率的な利用です。グローバルな事象をモニタリングすることは、より重要になってきています。災害は現地のみで報告されることが多く、また、往々にして不意に企業を襲います。貴社の一次サプライヤーへ供給している二次サプライヤーに天候や政治問題(例えば、輸入制限)によるトラブルが生じた場合には、すべてのサプライチェーンに影響を与えることになります。

リスクプロファイル：リスクプロファイルは、一般的にはリスク評価フレームワークと方法を適用した結果として得られたスコアで、サプライヤー1社のリスクプロファイル、一群のサプライヤーのリスクプロファイル、サプライヤーネットワーク(ある目的のために複数階層のサプライヤーを集めたもの)のリスクプロファイルがあります。一般に、スコアが高いほど測定対象事業の混乱・途絶の可能性が大きくなります。

4. サプライチェーンリスクの種類

ブランドと名声へのリスク：ブランドまたは企業の名声がある事象によってダメージを受けるリスク。ブランドや名声は、購入とコミュニケーションをとおした市場との長期間の相互作用によって築き上げられます。ブランド、名声の失墜も同じように相互作用とコミュニケーションをとおして起こります。

雇用リスク：雇用に関する法務リスクには、複数の形態があります。雇用契約(含意であろうが明記されていようが)は、法的強制力のある合意の一つです。従業員を複数のグループに区分して、グループごとに異なる契約を結んでいる場合には、この区分が維持できず、最も高額となる賃金体系や福利厚生などがすべての従業員に一律に適用されるリスクがあります。一時雇用契約と常勤雇用者向けの契約との間に相違があると、このような状況になりがちです。雇用慣行(アファーマティブアクション、差別など)が合法的で正当化できるかどうか、といったリスクをレビューし、管理しなければなりません。企業の方針の見直しと、リスク評価およびその低減、緩和方法を出してもらうために、外部の専門家による監査がしばしば用いられています。

環境リスク：環境損失には、外部の事象(台風、自社の外部からもたらされる汚染、伝染病、竜巻など)に起因するものと、企業活動による環境への悪影響にもとづいた法的賠償責任があります。リスク緩和対策には、事業拠点の保護、緊急対応計画、保険など、多くの形態があります。

環境賠償責任：環境に関する損害賠償責任による損失は、不法行為、契約上の義務または法規違反をとおして被ります。環境への悪影響によって賠償責任が生じる原因は、多くの場合、汚染物質の放出の事実または嫌疑、人間の健康と環境を汚染物質から保護するための法律への違反、または改善出費支払いを義務づける環境保護法の施行です(2006, Cornell University Environmental Risk Analysis Program, http://environmentalrisk.cornell.edu/ERAP/)。

財務リスク：潜在的な事象によって財務が影響を受けるリスク。例えば、ソフトウェアの販売を行っている企業に対して、訴訟費用、取引上の損失などをもたらす恐れのある特許侵害クレームが発生する可能性があります。

知的所有権リスク：知的所有権(特許、商標、著作権)が盗まれるか、公有財産になり、法的強制力を失うリスク。

　特許：特許はある種の機能をもったものを保護します。特許出願の申請に先立って、アイデアに特許性があるかどうかを知るために、法律事務所(米国の場合)に特許検索を依頼する必要があります。特許を検索することによって、その発明に類似した特許があるかどうかわかります。そして、特許を申請する際に、過去の発明に照らして、まだそれが発明されていない裏づけを特許庁に説明します。

一般の特許：この種の特許を申請することによって申請者は発明の機能を保護しようとします。典型例は、ほうきです。ほうきには、地上の埃などを人が手で行うより簡単に集める機能があります。

商標：「商標は、その所有者が、自らの商品やサービスを、それと同じまたは類似した他の商品やサービスから見分けることを可能にする、サインまたはシンボルです。商標を登録することによって、登録者のビジネスに関して、紙やその他のあらゆる物質の上に印刷された商標の使用が保護されます」(World Trademark Law and Practice, Matthew Bender & Co. Inc., Ethan Horwitz, New York, New York(1998))。

著作権：著作権は、無許可で使用されることがないように、記述された資料の所有権を保護するものです。著作権を登録申請することによって、所有者はすべての侵害者に対して、著作権法令の損害賠償(3倍の損害賠償額)を請求することが可能になります。今日申請されている著作権は、作者の死後50年間存続します。

企業秘密：処方、パターン、情報の組合せ、プログラム、装置、方法、技術、製法を含む情報で、(a)公知になることによって、あるいはその開示または使用によって、他者が独立した経済的価値(実際に発生するか、または発生する可能性がある)を引き出せるもの、かつ、(b)一定の環境下で正当と判断される秘密維持努力の対象となっているもの(California Civil Code section 3426.1(d))。

法務リスク：法的措置の不確かさ、契約・法律・規制の適用や解釈の不確かさに起因するリスク。組織体を取り巻く状況により、法務リスクは次の問題点をともなう可能性があります。

- **契約の構造**：合法的な契約には構成要素として何が必要なのか？ 口頭の合意で十分なのか、あるいは法的文書が必要なのか？ どのような文書が必要とされるのか？
- **能力**：契約にもとづいた取引を始めるだけの能力が相手にあるのか？ 国境をまたがるビジネスを行っている組織体にとって、法務リスクは特別な問題になり得ます。彼らは複数の国家の法律に関する不確実性に曝されているだけではなく、個々の法的問題についてどの国家が法的権限を行使するのか、といった不確実性にも直面しているのです(www.riskglossary.com)。

オペレーショナルリスク：オペレーショナルリスクは、不適切または機能不全の内部のプロセス、人、システムから生じる、あるいは外部の事象から生じる損失のリスクと定義されます(www.riskglossary.com)。これには詐欺や窃盗が含まれます。SOX法の施行にともない、この領域は主要な焦点になりました。

SOX監査：SOX法への適合性と、想定されるリスク事象に対するリスク緩和計画の

付録　サプライチェーンリスク用語とサプライチェーン用語の解説

策定を目的とした、個々のビジネスプロセスに対する体系的な監査。

技術リスク：技術リスクには、次の2つがあります。①技術が計画どおりに機能しないリスクと、②既存の技術を陳腐化する新技術が出現するリスクです。事前設置テストと試験の実施は、計画どおりに機能しない技術のリスクマネジメントを支援することができます。一方、新たな技術が他企業から出てくるリスクについては、外部環境(特許申請、展示会、技術カンファレンス)を常時、調査することによって、既存の技術を破滅に追いやる新たな技術の出現に警告を発することができます。

■有益なサプライチェーン用語

事前出荷明細書(Advance Shipping Notice：ASN)：出荷に先立って送信される、積荷と輸送情報が EDI(Electronic Data Interchange：電子データ交換)または XML (eXtensible Markup Language：拡張マークアップ言語)フォーマットに記載された通知。多くの場合、発注ナンバー、SKU 数、ロットナンバー、数量、パレットまたはコンテナ番号、カートン番号が含まれます。通常は、簡易スキャニングのために、バーコードに合致したラベリング、在庫リストへの受入れ、自動データ収集をともないます。また、ASN は紙ベースでも発行されます。

部品表(Bill of Material：BOM)：親のアセンブリに入るすべてのサブアセンブリ、中間品、部品、原材料のリストで、アセンブリを行うために必要な各々の量を示したもの。

　プラント保全のための部品表(BOM)：これには、技術対象の構造上の要素が保全組立に用いられる部品のリストとして示されています。

　PM BOM：装置または機能上の部位に焦点を当てた BOM。

購買チャンネル：ニーズを定め、サプライヤーにニーズを割り当て、ニーズが得られるような条件を決定して、選定したサプライヤーによってそのニーズが満たされるようにするための取決めを実行するプロセス。効率的で効果的な購買—支払いプロセス(Procure to Pay：P2P)には、プロセスと購買チャンネルが含まれていますが、それらはこのプロセスの最終顧客が遭遇する異なる状況や環境に「フィット」するように設計されています。

　PCard チャンネル：あらかじめ許可された売り手へ直接行って、商品またはサービスを入手することによってアクセスが行われます。「地域店」から物品を得ることによって、または、あらかじめ許可された売り手の Web サイトで PCard を使うことによってもアクセスは行われます。

　構造化された SAP 発注書(Purchase Order：PO)：特定されている売り手の店舗から物品を得ることによって(後に在庫補充発注書によって補充される)、SAP 購買依頼をとおした SAP 内の購買契約が成立します。または、「パンチ

アウト／ラウンドトリップ」によってもこの契約は成立します。このパンチアウト／ラウンドトリップは、SAP の供給関係マネジメント(SRM：Supply Relationship Management)モジュールをとおして特定の売り手の Web サイトにアクセスし、そのカタログから「ショッピングカート」に入れることを可能にし、そして SAP に戻って発注書を作成するものです。

購買者支援発注：発注の一形態で、正規の発注書の発行の前に購買者による未知または特別な問題(例えば、未知のサプライヤー、条件、仕様)の解決が必要な内容を含んだもの。

発注書不使用取引(Paperless Accounts Payable：PAP)：発注書を発行しないで請求書に対する支払いを行う、といった特定の売り手協定を使用する特殊な状況下で、チャンネルへのアクセスが行われます。

カタログ・アグリゲーション：買い手が簡単に比較することができるように、複数の売り手からの製品データを正規化すること。仮想ディストリビューターとコンテンツ・アグリゲータ[*1]が、しばしばこのサービスを買い手に提供します。製品が複雑で多くの特質をもつ場合に最も役に立ちます。価格は固定されていますが、契約によることもあります。

カタログ・アグリゲーター：比較的固定的な価格で複数の売り手からカタログを集計することによって、買い手の購買時の選択を納得できるものにします。中立不偏の仲介者ですが、買い手が複数の売り手を理解することを手助けします。また、類似した製品・サービスの比較を可能にするために、多様な情報源から来ている情報を正規化します。通常は仮想ディストリビューターとして機能し、商品自体の所有はしません。売買が成立すると取引手数料を徴収しますが、信用調査、ロジスティクス、受注から入金管理までの作業、保険などの取引プロセスから追加収益を生み出すことができます。買い手に対しての比較を可能にする一方で、差別化へのサプライヤーのニーズも満たさなければなりません。

【同義語】 仮想ディストリビューター

商品コード：解析や予測を目的とした分類を可能にするために物品のタイプに割り当てられたコード。UN/SPSC(United Nation Standard Products and Services Classification：国連／標準製品サービスコード)は、全世界で使用されるために設計されたコーディングシステムの例です。ある産業においては、複数の企業が商品コーディングシステムの開発に取り組んでいます。また、企業内のすべての組織が使用するためのコーディングシステムを開発している企業もあります。

購買品検討委員会：サプライヤーの選択、契約交渉、品質実績と数量・納期実績を含むサプライヤーのパフォーマンスのモニタリングに責任をもつ、機能横断的または組織横断的チーム。

サイクルタイムの短縮：指定された工程に必要とされる合計時間(例えば、生産と配

送のために必要な時間)を最小にするプロセス。サイクルタイムを短くする努力は、待ち時間を減らすか、不要なステップを除くことに注がれます。

電子データ交換(Electronic Data Interchange:EDI):買い手とサプライヤーとの間の電子商取引の古いバージョンで、インターネットベースの取引より面倒でコストがかかり、大企業とその最も重要な取引相手だけに適しています。多くのインターネットマーケットは、大企業と中小企業との間の取引を可能にするために EDI-to-XML トランザクションを行っています。

統合基幹業務ソフト(Enterprise resources planning:ERP):①顧客の注文に応じるために、調達、生産、出荷、会計に必要な全社的資源を特定して計画するための、会計を指向した情報システム。ERP システムは、典型的な MRP Ⅱ システム[*2] と、グラフィカルユーザーインターフェース、リレーショナルデータベース、第四世代言語の使用、開発中のコンピューターを利用したソフトウェア工学ツール、クライアント・サーバーアーキテクチャー、オープンシステムポータビリティーのような技術的要件において異なっています。②より一般的には、ERP は、生産、流通、サービスの領域において顧客の注文に応じるために、調達、生産、出荷、会計に必要なすべての資源を効果的に計画し制御するための方法です。

電子調達(E-procurement):入手、調達、購買を電子フォーマット(すなわち、インターネット)によって行う行為。

eXtensible Markup Language(XML):この言語は、インターネット上でコンピューター間の直接的なコミュニケーションを容易にします。以前の Hypertext Markup Language(HTML、情報をいかに表示するかを Web ブラウザに指示する HTML タグを提供する言語)と違って、XML タグは情報のカテゴリーについて Web ブラウザに指示をします。

レベル-3 表示[*3]:レベル-3(別名レベルⅢ、レベル3またはレベル-Ⅲ)ラインアイテム詳細は、企業間、企業と政府間のクレジットカード使用をサポートするためのデータ仕様です。レベル-3 ラインアイテム詳細は、物品の説明、量、単位、価格などの固有の購入情報を提供します。この情報は、カードを所有している組織にとって会計と商習慣の合理化を行ううえで、また、支払いデータの電子調達システムへの組込みにおいて非常に有益です。

製造資源計画(Manufacturing Resource Planning:MRP II):製造業企業内のすべての資源を効果的に計画する一つの方法。理想的には、一群のオペレーション計画、ドル建ての財務計画に取組み、仮定の質問に答えることのできるシミュレーション能力をもつものです。それはさまざまなプロセス(事業計画、生産計画(販売活動計画)、基準日程生産計画、資材所要量計画、能力所要量計画、能力と資材のための実行支援システムなど)から成り立っており、各々が連関しています。これらのシステムからの出力は、財務報告(例えば、事業計画、購入関与報告、輸送予算、ド

ル建ての在庫量予測)に統合されます。MRP Ⅱは閉ループ MRP の直接的な発展と拡張です。

マスターデータマネジメント:標準的な命名規則または必要要素によって、サプライチェーンプロセスのために、マスターデータ(価格構成、承認されたサプライヤー、規制、承認された資材、承認された購買チャンネル、使用データ)をつくり、修正し、維持し、管理する、組織内のプロセス(一連の活動)。これは資材マスター、資材とサービスのグルーピング、仕入先マスター、契約データベース、e カタログ、サプライヤー実績、購買契約、経費データを含みます。

マスターデータとトランザクションデータ:機能的な目的によってデータを2つのタイプに区別することができます。

マスターデータ:ほとんど変わらないデータ(例えば、顧客または仕入先の詳細と資材技術記録または部品番号)。

トランザクションデータ:例えば、物品を受けるときやマスターデータ記録に何らかの変更を行うときのような、データ処理時にシステムが使用するデータ。

資材所要量計画(Material Requirements Planning:MRP*4):資材の所要量を計算するために、BOM データ、在庫データ、基準日程生産計画を使用する一連の技術。資材の補充発注書の発行を自動的に推薦します。さらに、タイムフェイズされているため、納入日と必要日が同調していない場合には、見計らい注文の予定を変更するように自動的に推奨します。

資材発注書:特定の価格条件をつけた1種類の資材の調達取引のためのシステム文書。

一匹狼購買:市場秩序を乱す、企業による購買、または企業の購買方針に従わない従業員による購買。これには契約外購買と認可されない購買が含まれます。また、はみだし者購買とも呼ばれています。

MRO(Maintenance, Repair and Operations):MRO 製品は、企業が購買した、製造製品に使用されない物品(間接材)・サービス、または、転売に供される物品です。典型的な MRO 購入品は、生産資材、スペア、修理用部品、安全装置、コンピューター、事務用品です。

計画的な仕事:行うべき仕事のための任務と活動が計画されており、活動が指定された期間以内で完了するようにスケジュール化され、調整されている仕事。

購買カード:別名 PCard。クレジットカード購買とバックエンド報告が結合されている企業向けのプログラム。アメリカン・エキスプレス社(American Express、米、旅行・クレジットカード)、マスターカード社(MasterCard、米、クレジットカード)とビザ社(Visa、米、クレジットカード)は、PCard を提供している企業の例です。

リリース・アゲインスト・マテリアル・アグリーメント(Release against Materials Agreement):同じ契約価格条件で繰り返されている資材調達取引のためのシステ

ム文書。自動的な資材の出荷が可能です。

経費分析：通常は調達の領域に焦点が当てられる、支出または経費の継続的な分析。企業は過去と現在の支出を徹底的に理解することによって節減の機会を見つけます。過去の支出行動を徹底的に理解することによって、最初に取り組むべき調達とコンプライアンス活動の支出領域を選ぶためのシナリオを想定します。

戦略的調達：事業上の差し迫ったニーズを満たすことを目的として、製品やサービスを獲得するために、サプライヤーとの関係の開発とマネジメントを行うこと。これは購買プロセスにおける調達機能として考えられます。

サプライヤー関係マネジメント（Supplier Relationship Management：SRM）：売上高と最終損益に対するサプライヤーのオペレーション上の貢献についての包括的、長期的な視点を企業にもたせることを可能にするために、一連の手段を発達させることです。戦略的調達と経費マネジメントはSRMの一部です。

サプライチェーンマネジメント（SCM）：真の価値の創造、競争力のある基盤構築、グローバルなロジスティクスの活用、需要への供給の同期化、国際的な実績の測定のための、サプライチェーン活動の設計、立案、遂行、制御、モニタリング。

サプライチェーン計画（Supply Chain Planning：SCP）：サプライチェーンの活動を支配する一連の方針と手順の決定。計画の策定には、流通経路、販売促進、それぞれの量とタイミング、在庫と補充方針、生産方針の決定が含まれます。また、サプライチェーンがそのなかで活動するパラメータを設定します。

UN/SPSC Code（United Nation Standard Products and Services Classification：国連／標準製品サービスコード）：製品・サービスを一貫して分類するために使用する、10桁の階層的な世界標準物品コード。UN/SPSCは5レベルによる階層的な分類です。これらのレベルを掘り下げたり、束ねたりすることによって支出分析が可能になります。階層の各々のレベルには、それ自身に固有の2桁のコードがあります。

VMJ（Vendor Managed Inventory：ベンダー主導型在庫管理）：売り手が所有する在庫を維持する際に、買い手の敷地を利用します。このことによって、買い手による在庫への投資が最小化されます。

付録訳注

*1 「インターネット上の情報を収集、整理し、エンドユーザーへと配信する事業者を指す。当報告書では、複数のコンテンツ・ホルダーと、複数のISPやポータルサイト等、コンテンツを消費者に提供するサービスを実施している事業者の間にたち、効率良くコンテンツを提供する機能を提供する事業者を指す。」（経済産業省、http://www.meti.go.jp/policy/it_policy/report/report_01/08/8_3.pdf）

*2 「資材所要量計画だけでなく、要員、設備といった資源も管理対象として、製造・購買などの製造企業の活動を計画し、管理する総合的生産管理の概念と技法。従来のMRPと区別するためのMRP Ⅱと呼ぶこともある。」(JIS Z 8141-2108)

「MRP Ⅱの概念を実現するためには多くのソフトウェアを必要とするがその主要機能は以下のとおり。①生産計画(operational planning)、②財務計画(financial planning)、③ what if 分析用シミュレーション機能。MRP Ⅱ は MRP の機能を財務・会計情報とリンクさせることにより経営計画との連携を可能にした点で特徴があり、この機能はさらに発展して enterprise resource planning (ERP)に集約される。」(社団法人日本経営工学会(編)、『生産管理用語辞典』、日本規格協会、2002年)

*3 企業間、企業と政府間の取引において、消費者クレジットカードで使用されているデータ(日付、金額、店名／所在地の3種のデータ。レベル1情報と呼ばれる)では不十分なため、これらの取引を促進するために、より多くのデータを扱うためのデータ仕様が開発された。レベル1情報は上記のとおり3種のデータ、レベル2情報は9種のデータ、レベル3情報は最も詳細で25種のデータから成り立っている。

*4 「生産計画情報、部品構成表情報及び在庫情報に基づいて、資材の必要量と時期を求める生産管理体系。」(JIS Z 8141-2101)

「MRPの概念が1960年代にIBM社が発表した production information control system(PICS)のサブシステムとして"MRPパッケージ"が初めて紹介されて以来、コンピュータを主要ツールとする生産管理体系として発展してきた背景から、初期の資材所要量計画のみをさす場合もあり、資材所要量計画機能に負荷計画、仕掛在庫管理、日程管理など生産管理全般をカバーする統合生産管理システムとしてのMRPシステム(MRPS)と区別することもある。MRPSの主要機能は以下の機能から構成される。①プライオリティ計画、②キャパシティ計画、③キャパシティコントロール、④プライオリティコントロール。MRPでは生産計画ならびに統制(管理)の対象となる品目を、独立需要品目と従属需要品目の二つに分け、おのおのの計画方法を明確に区別している。また、タイムフェイズされた計画対象期間を設定し、これを単位にすべての生産、調達活動の計画、実施と統制を行う。」(社団法人日本経営工学会(編)、『生産管理用語辞典』、日本規格協会、2002年)

索　引

[英数字]

BCP　41
CISG　28
C-TPAT　30
　　——の必要条件　31
ERM　41, 59, 71
INCOTERMS　28
PIP　30
RFID　31
SCRM　41
SOX 監査　139
USITC　34

[あ　行]

一般の特許　102, 139
オペレーショナルリスク　73, 100, 139

[か　行]

海外汚職行為防止法　27
外国の法律　28
外部委託　43
価格予測　3
可視化システム　59
環境リスク　103, 107, 138
緩衝　71, 96
関税法　28
企業秘密　103, 139
技術予測　16
技術リスク　104, 140
機能横断チームの編成　72
供給ネットワークリスク　107
供給予測　12

供給リスク評価情報のタイプと情報源
　　107
供給リスク評価法　91
供給リスクポートフォリオ　131
供給リスクマネジメント　129
　　——プログラム　106
競合企業予測　10
グローバル調達　43, 50, 82
　　——に影響を及ぼす規制　27
グローバルロジスティクス　31
　　——リスク　29
原産国表示　29
国際法　28
雇用リスク　138
混乱・途絶　29, 41, 47
　　——事象　136
　　——の増幅要素　48, 49
　　——の発生確率　46, 48

[さ　行]

最悪のシナリオ　64
災害リスク　73
財務健全性　107
財務リスク　73, 99, 138
サプライチェーン　33
　　——の階層　135
　　——の混乱・途絶　41, 42, 65, 71,
　　82, 107
　　——の再設計　60
サプライチェーンリスク　35, 46, 75
　　——の定量化　46
サプライチェーンリスクマネジメント
　　41, 81

147

索　引

——能力　83
　——のフレームワーク　45
　——のプロセス　44
サプライヤーポートフォリオ　125,
　130, 132
サプライヤーリスク評価　123
サプライヤーリスクホイール　126
サプライヤーリスクレポート　118
事業継続計画　41
シナリオ分析　24
ジャストインタイム方式　33
収益への影響度　46
　——計算　117
主観的リスクマップ　76, 77
商標　139
人的資源　107
スマートシール　31
スマートボックス　31
生産能力予測　10
政治経済上のリスク　20
成熟度診断表　23, 25
制約となる依存関係　49, 51
全社的リスクマネジメント　41, 59,
　71
戦略リスク　73

[た　行]

知的所有権　102
　——リスク　138
著作権　102, 139
データモデル　107
特許　138
取引関係　107

[な　行]

ノード　45

[は　行]

発生確率の評価手順　93
バッファー　71, 96
パフォーマンス　107
反テロ法　30
反ボイコット法　27
ヒートマップ　74
ブランドリスク　100, 138
篩い分け　46
ベストプラクティス　81, 85, 88
法務リスク　101, 139

[ま　行]

名声リスク　100, 138

[や　行]

優先順位リスト　77
輸出管理法　28
余剰資源　56

[ら　行]

リーン生産方式　71
リスクアルゴリズム　22
リスク確率指標　111
リスクカテゴリー　108
リスク緩和　96, 137
　——アプローチ　131
　——戦略　55, 56
　——対策　98, 133
　——要素　61
リスク事象　109
リスクステークホルダー　91, 135
リスク低減メカニズム　53, 54
リスクのタイプ　99
リスクの抽出　74

148

リスクの評価　74
リスクのモニタリング　99, 137
リスクの優先順位づけ　74
リスク評価　95, 136
　——システム　105
　——フレームワーク　136
リスクプロファイル　20, 132, 133, 137
　——の改善　97
　——の分散　98
リスク分布図　116
リスクホイール　111
　——診断用　113
　——分析用　114

リスクポートフォリオ　21, 73, 74
　——の図示化　72
リスクマトリックス　36
リスクマネジメント　136
　——計画　95, 137
　——の手順　95
　——のプロセス　2
　——マトリックス　84
　——モデル　45
リスク要因の統合　36
レジリエンシー　viii, 36, 45, 78, 88
レジリエンス　viii
ロジスティクスの脆弱性　32

● 編者紹介

ロバート・B・ハンドフィールド博士(Robert B. Handfield)

　ノースカロライナ州立大学における、バンク・オブ・アメリカ大学の特任教授(サプライチェーン・マネジメント)であり、SCRC(Supply Chain Resource Cooperative、サプライチェーンリソース共同研究体、http://scrc.ncsu.edu)の理事長です。SCRC は研究者のプロジェクトを MBA の教室に統合することを目的とした最初の主要な産学共同体で、産業界からのパートナーとしてフォーチュン 500 社から 15 社が参加しています。

　ハンドフィールド博士は、サプライチェーンマネジメント分野における主要機関誌の一つである *Journal of Operations Management* 誌の顧問編集者であり、サプライチェーンマネジメントに関する数冊の著者でもあります。最近の著書には、*Supply Market Intelligence*、*Supply Chain Re-Design*、*Introduction to Supply Chain Management*(プレンティス・ホール社、1999 年、日本語・中国語・韓国語に翻訳)があります。ほかに、MBA と学部のクラスで使用される教科書として、*Purchasing and Supply Chain Management*(ロバート・モンスカとの共著)、*Operations and Supply Chain Management*(セシル・ボザースとの共著)などを共同執筆しています。また、最近、*Supply and Demand Chain Executive* 誌選定の専門家リストのなかの一人として認められました。

　さらに博士は、サプライマネジメント学会主催の「パワー・カンファレンス」、「ザ・センター・フォー・ビジネス・インテリジェンス」、「カンファレンス・ボード」などの経営者フォーラムにおける主導的講演者の一人です。博士は、グラクソ・スミス・クライン社(GlaxoSmithKline、英、薬品)、フレイトライナー社(Freightliner、米、重トラック)、ボストン・サイエンティフィック社、デルファイ社(Delphi、米、自動車部品)、シェブロン社(Chevron、米、石油)、ブリティッシュ・ペトロリアム社(British Petroleum、英、石油)、ノーテル・ネットワーク社(Nortel Networks、英、通信機器)、シェブロン・フィリップス社(Chevron Phillips、米、化学)、ライオンデル・ケミカル社(Lyondell Chemical、米、石油化学)、コノコフィリップス社(Conoco Phillips、米、石油)、フェデラル・エクスプレス社(Federal Express、米、空運)、ミリケン社(Milliken、米、繊維・化学品)を含む、フォーチュン 500 社中の 25 社以上のコンサルティングを行ってきました。また、*California Management Review* 誌、*Sloan management Review* 誌、*IEEE Transactions on Engineering Management* 誌、*Journal of Product Innovation Management* 誌、*Journal of Operations Management* 誌、*Decision Sciences* 誌を含む最上級のマネジメント誌に 100 以上の記事を発表しています。

　ハンドフィールド博士はサプライチェーンマネジメント分野の思想的リーダーと考えられており、サプライマネジメント戦略、サプライチェーンとロジスティクスのリスク、ベンチマーキング、供給市場情報、サプライヤー開発の分野の産業専門家です。中国、トルコ、メキシコ、南米、英国、ドイツ、オーストリア、日本、韓国、カナダなどで、これらの専門分野に関するテーマについて講演しています。

ケビン・マコーマック(Kevin McCormack)　MBA、経営学博士

　現在 DRK リサーチ社の社長であり、ノースカロライナ州立大学とオクラホマ大学の非常勤教授です。博士はインフォメーションテクノロジー、オペレーションマネジメント、サプライチェーンマネジメントの分野において、30 年間以上の期間にわたり管理、教育、研究、コンサルタントの経験を積んでおり、国内および国際的な多くの産業、ならびに広範なビジ

151

ネスプロセスを扱ってきています。複数の政府機関や食品、林産品、製薬、化学、消費生活用製品、ハイテク、プラスチック産業の大手企業において、従業員としての仕事、あるいは契約上の仕事を成功裏に果たしてきました。博士の顧客には、クラフト社(Kraft、米、食品・飲料)、フィリップ・モリス社(Philip Morris、米、たばこ)、CPCインターナショナル社(Corn Products Company International、米、食品)、カーギル社(Cargill、米、穀物)、テキサス・インスツルメンツ社(Texas Instruments、米、半導体)、USMC(United States Marine Corps、海兵隊)、フィリップス・ペトロリアム社(Phillips Petroleum、米、石油)、シェブロン・フィリップス社(Chevron Phillips、米、化学)、サンコー・エナジー社(Suncor Energy、加、オイルサンド)、コロンビア・フォレスト・プロダクツ社(Columbia Forest Products、米、木材)、ダウ・ケミカル社(Dow Chemical、米、化学)、ワーナー・ランバート社(Warner-Lambert、米、薬品)、スタンダード・チャータード銀行(Standard Chartered Bank、英)、マイクロソフト社(Microsoft、米、ソフトウェア)、インテル社(Intel、米、半導体)、テクトロニクス社(Tektronix、米、計測器)、複数の州政府、ボーデン・ケミカル社(Borden Chemical、米、化学)、カリフォルニア州職員退職年金基金(CALPERS)、ウォルマート社、キャンベル社(Campbell's、米、食品)、ゼネラル・ミルズ社(General Mills、米、食品)、フェアチャイルド・インダストリーズ社(Fairchild Industries、米、航空機)、ペプシコ社(PepsiCo、米、食品・飲料)などがあります。

マコーマック博士はアラバマ州におけるメーカー・オブ・ザ・イヤー賞の選考委員の一人です(アラバマ州には防衛関連企業や自動車メーカーのための何十ものサプライヤーのほかに、ホンダ社、メルセデス社(Mercedes、独、自動車)、ロッキード社(Lockheed、米、航空機)、BASF社(独、化学)、ニューコア社(Nucor、米、鉄鋼)、U.S.スチール社(U.S. Steel、米、鉄鋼)、シーメンス・オートモーティブ社(Siemens Automotive、独、自動車部品)といった国際的な製造企業があります)。

博士はMBA、経営学博士のほかに化学とエンジニアリングの学位をもっています。米国とヨーロッパにおいて、インフォメーションテクノロジーとオペレーションマネジメントの学士レベル、修士レベルの教育課程を開発し、講義を行っています。2冊の著書、*Quality Progress*誌や*Business Process Management Journal*誌、*Supply Chain Management*誌、*Benchmarking: An International Journal*誌など、数冊の雑誌に記事を発表しています。

● 寄稿者一覧

ジェニファー・ブラックハースト（Jennifer Blackhurst）　博士
　ノースカロライナ州立大学ビジネス・マネジメント学科
　ラーレー市、ノースカロライナ州

クリストファー・W・クレーグヘッド（Christopher W. Craighead）　博士
　オーバーン大学マネジメント学科
　オーバーン市、アラバマ州

デブラ・エルキンス（Debra Elkins）　博士
　オールステート・インシュアランス社リスクマネジメント部
　シカゴ市、イリノイ州

ロバート・B・ハンドフィールド（Robert B. Handfield）　博士
　ノースカロライナ州立大学ビジネス・マネジメント学科
　ラーレー市、ノースカロライナ州

デバダッタ・クルカーニ（Devadatta Kulkarni）　博士
　ゼネラル・モーターズ社研究開発センター
　ウォーレン市、ミシガン州

ケビン・マコーマック（Kevin McCormack）　経営学博士
　DRKリサーチ社、ノースカロライナ州立大学ビジネス・マネジメント学科
　ラーレー市、ノースカロライナ州

ジェフリー・テュー（Jeffrey Tew）　博士
　ゼネラル・モーターズ社研究開発センター
　ウォーレン市、ミシガン州

●訳者紹介

東京海上日動リスクコンサルティング株式会社　ビジネスリスク事業部
　企業・組織を取り巻くリスクの洗い出し・評価から、リスクマネジメント体制構築、規程・マニュアル類の作成・診断、教育・訓練、監査に至るまで、企業・組織のリスクマネジメント全般に関するコンサルティングを行っている。ビジネスリスク事業部は、BCM 第一グループ(製造業)、BCM 第二グループ(サービス・公共)、グローバル BCM チームで構成され、事業活動を中断・休止させてしまうさまざまなリスクを対象にコンサルティングを行っている。例えば、自然災害や新興・再興感染症、サプライチェーンの途絶、人為的な事故などを対象に、予防対策・未然防止、課題解決・リスク低減、緊急時対応計画や事業継続計画(BCP)の策定、教育・訓練の実施、事業継続マネジメントシステム(BCMS)の体制構築・認証取得などを支援している。また、サプライチェーンリスクマネジメント、オフィスセキュリティ対策、官公庁の業務継続計画の策定、国際防災協力の支援にも対応し、企業・組織が抱えるさまざまなリスクに対応した高度なコンサルティングをとおして、企業経営・組織運営をサポートしている。

サプライチェーンリスクマネジメント入門
レジリエンシーを高める 18 の方法

2010 年 4 月 28 日　第 1 刷発行

編　者	ロバート・B・ハンドフィールド
	ケビン・マコーマック
訳　者	東京海上日動リスクコンサルティング㈱ビジネスリスク事業部
発行人	田中　健

発行所　株式会社日科技連出版社
〒151-0051　東京都渋谷区千駄ケ谷 5-4-2
　　　　電　話　　出版　03-5379-1244
　　　　　　　　　営業　03-5379-1238～9
　　　　振替口座　東　京　00170-1-7309

検印省略

Printed in Japan

印刷・製本　㈱シナノパブリッシングプレス

© *TOKIO MARINE & NICHIDO RISK CONSULTING CO., LTD. 2010*
ISBN978-4-8171-9347-6
URL http://www.juse-p.co.jp/

本書の全部または一部を無断で複写複製(コピー)することは、著作権法上での例外を除き、禁じられています。